Male für jede Seite, die du bearbeitet hast, einen Stern aus.

Viel Freude!

			4	5	6	7	8	9	10
11	12	13	14	15	16	17	18	19	20
21	22	23	24	25	26	27	28	29	30
31	32	33	34	35	36	37	38	39	40
41	42	43	44	45	46				

Dies ist dein Hunderterfeld.

Schaue hier immer nach, wenn du unsicher bist.

1	2	3	4	5	6	7	8	9	10
11	12	13	14	15	16	17	18	19	20
21	22	23	24	25	26	27	28	29	30
31	32	33	34	35	36	37	38	39	40
41	42	43	44	45	46	47	48	49	50
51	52	53	54	55	56	57	58	59	60
61	62	63	64	65	66	67	68	69	70
71	72	73	74	75	76	77	78	79	80
81	82	83	84	85	86	87	88	89	90
91	92	93	94	95	96	97	98	99	100

Welche Zahlen fehlen?

Trage sie ein!

1	2	3	4	5	6	7	8	9	10
11	12	13	14	15	16	17	18	19	20
21	22	23	24	25	26	27	28	29	30
31	32	33	34	35	36	37	38	39	40
41	42	43	44	45	46	47	48	49	50
51	52	53	54	55	56	57	58	59	60
61	62	63	64	65	66	67	68	69	70
71	72	73	74	75	76	77	78	79	80
81	82	83	84	85	86	87	88	89	90
91	92	93	94	95	96	97	98	99	100

Beantworte die Fragen!

Welche Zahlen stehen unter der 10?

10 20 30 40 50 60 70 80 90 100

Welche Zahlen stehen unter der 1?

1 11 21 31 41 51 61 71 81 91

Welche Zahlen stehen unter der 5?

5 15 25 35 45 55 65 75 85 95

Welche Zahlen stehen hinter der 61?

61 62 63 64 65 66 67 68 69 70

Schreibe alle Zahlen der vierten Reihe auf!

31 32 33 34 35 36 37 38 39 40

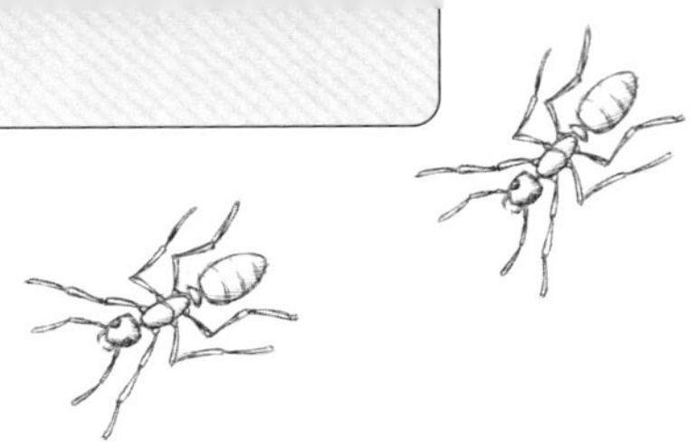

Wie heißen diese Zahlen? Trage sie ein!

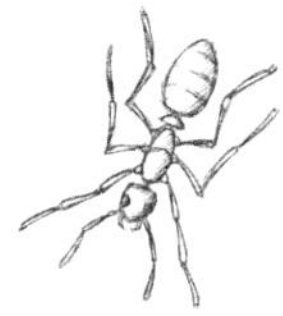
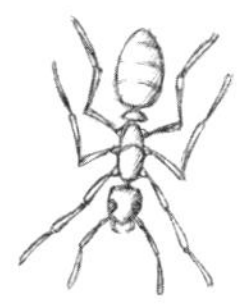
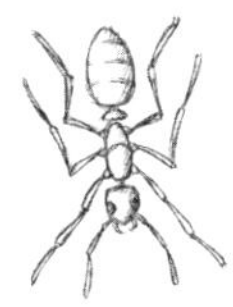

einundzwanzig	21	achtundzwanzig	28
sechsundneunzig	96	sechsundvierzig	46
fünfundvierzig	45	zweiundneunzig	92
siebenundfünfzig	57	einundfünfzig	51
dreiunddreißig	33	vierunddreißig	34
vierundachtzig	84	fünfundachtzig	85
elf	11	zwölf	12
achtundsiebzig	78	dreiundsechzig	63
zweiundsechzig	62	neunundsiebzig	79
neunundsechzig	69	siebenundsechzig	67
einhundert	100	sechsundzwanzig	26

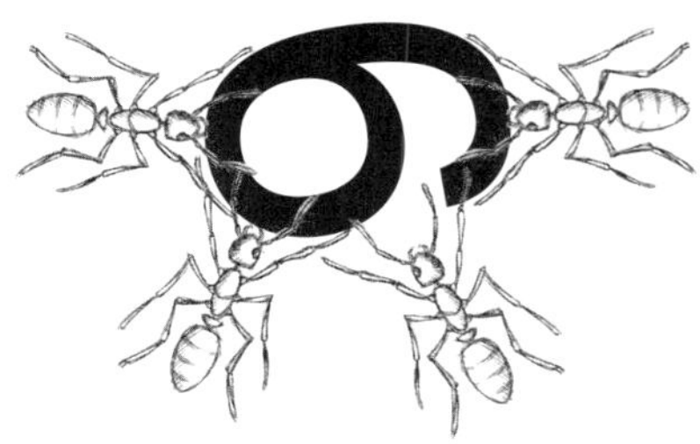

Schreibe nun das Zahlwort!

4	vier
12	zwölf
23	dreiundzwanzig
97	siebenundneunzig
56	sechsundfünfzig
41	einundvierzig
82	zweiundachtzig
64	vierundsechzig
35	fünfunddreißig

Mache drei Kniebeugen! ☐

Auf welchen Feldern findest du Spuren?

1	2	3	4	5	6	7	8	9	10
11	12	13	14	15	16	**17**	**18**	19	20
21	22	23	24	25	**26**	27	28	**29**	30
31	32	33	34	35	**36**	37	38	**39**	40
41	**42**	43	44	45	46	47	48	49	50
51	52	**53**	54	55	**56**	57	58	**59**	60
61	62	**63**	64	65	**66**	67	68	**69**	70
71	72	73	**74**	**75**	76	77	78	79	80
81	82	83	84	85	86	87	88	**89**	90
91	92	93	94	95	96	97	98	**99**	100

1	2	3	4	5	6	7	8	9	10
11	12	13	14	15	16	17	18	19	20
21	22	23	24	**25**	26	**27**	28	29	30
31	32	33	**34**	35	**36**	**37**	38	39	40
41	42	43	**44**	45	46	47	**48**	49	50
51	52	**53**	54	55	56	**57**	58	59	60
61	62	63	**64**	65	66	67	**68**	69	70
71	72	**73**	74	75	76	**77**	78	**79**	80
81	82	83	**84**	85	86	87	**88**	89	**90**
91	92	**93**	94	95	96	97	98	99	100

Hilf dem Igel beim Suchen!

Auf welchen Zahlen befinden sich die Tiere?

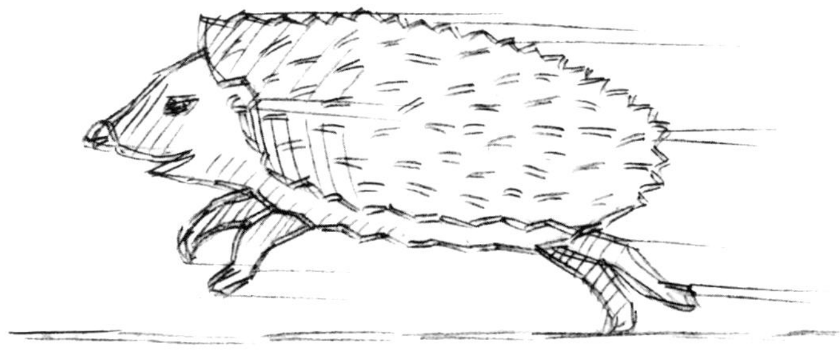

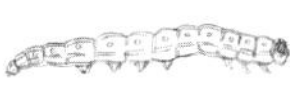 3 4 5

 19 29 39

 22 23 32 33

 44 45 46

 62 72 82

 77 78 87 88

1	2				6	7	8	9	10
11	12	13	14	15	16	17	18		20
21			24	25	26	27	28		30
31			34	35	36	37	38		40
41	42	43				47	48	49	50
51	52	53	54	55	56	57	58	59	60
61		63	64	65	66	67	68	69	70
71		73	74	75	76			79	80
81		83	84	85	86			89	90
91	92	93	94	95	96	97	98	99	100

Nun schreibe auf!

Der Igel frisst Raupen, Käfer, Regenwürmer und Schnecken.

Beantworte die Fragen!

Welche Zahl steht über der 66? 56

Welche Zahl steht unter der 79? 89

Welche Zahl steht unter der 61? 71

Welche Zahl steht vor der 56? 55

Welche Zahl steht hinter der 28? 29

Welche Zahl steht hinter der 13? 14

Welche Zahl steht unter der 37? 47

Welche Zahl steht über der 80? 70

Auf welchen Feldern findest du diese Bilder?

Trage die Zahlen ein!

	2		10
	13		15
	22		27
	31		39
	45		47
	52		60
	63		66
	71		79
	82		86
	94		100

					6				
									30
						37			
			44						
								59	
61									
				75					
							88		
	92								

Trage alle fehlenden Zahlen ein!

42	43	44	45	46	47	48	49	50

45	46	47	48	49	50

41	42	43	44	45	46	47	48	49	50

48	49	50

43	44	45	46	47	48	49	50

Welche Zahlen liegen auf den grauen Feldern?

Trage sie ein! Welches Bild entsteht?

					6				10
					16				20
				25	26				30
			34	35	36				40
		43	44	45	46				50
	52	53	54	55	56				60
					66				70
	72	73	74	75	76	77	78	79	80
		83	84	85	86	87	88	89	90
			94	95	96	97	98		100

Das ist ein Segelboot.

			4	5	6				10
		13	14	15	16	17			20
		23	24		26	27			30
		33	34	35	36	37			40
			44	45	46				50
				55					60
	62	63		65		67	68		70
		73	74	75	76	77			80
			84	85	86				90
				95					100

Das ist eine Blume.

		13	14				18	19	
	22	23	24	25		27	28	29	30
	32	33	34	35	36	37	38	39	40
		43	44	45	46	47	48	49	
			54	55	56	57	58		
				65	66	67			
					76				

Das ist ein Herz.

Finde nun selbst ein Muster und trage die Zahlen ein!

Das ist ______________________.

Merke

Z heißt Zehner
E heißt Einer

Kreise immer zehn ein!

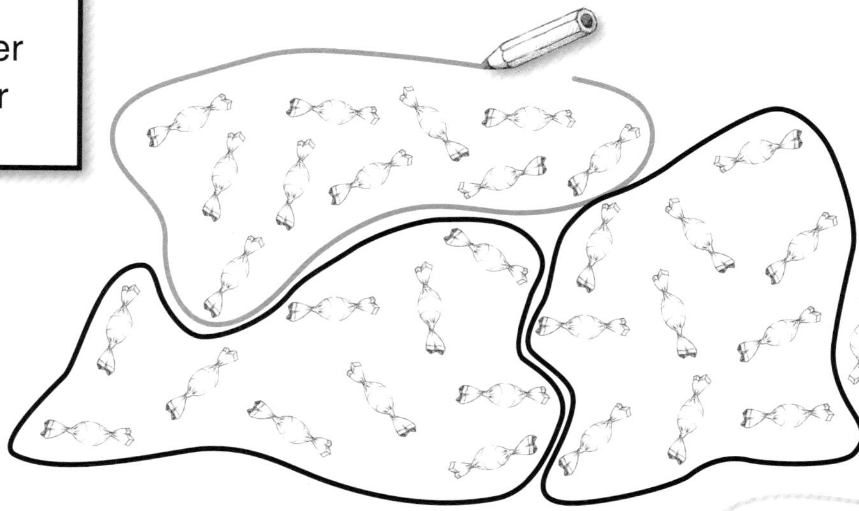

Z	E
3	6

Wie viele Bonbons bleiben übrig? 6 Das sind die Einer!

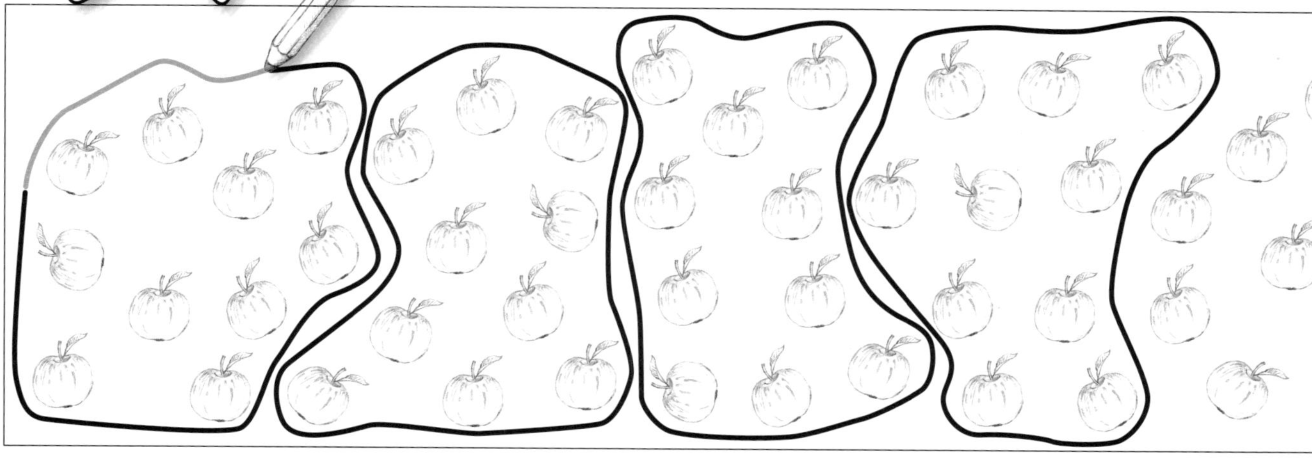

Z	E
4	7

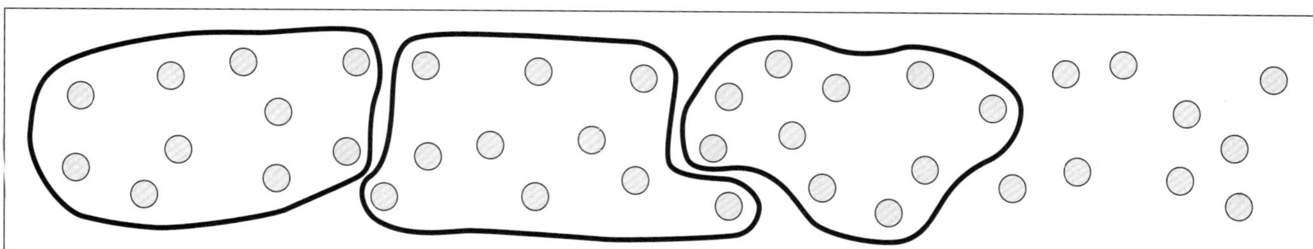

Z	E
3	9

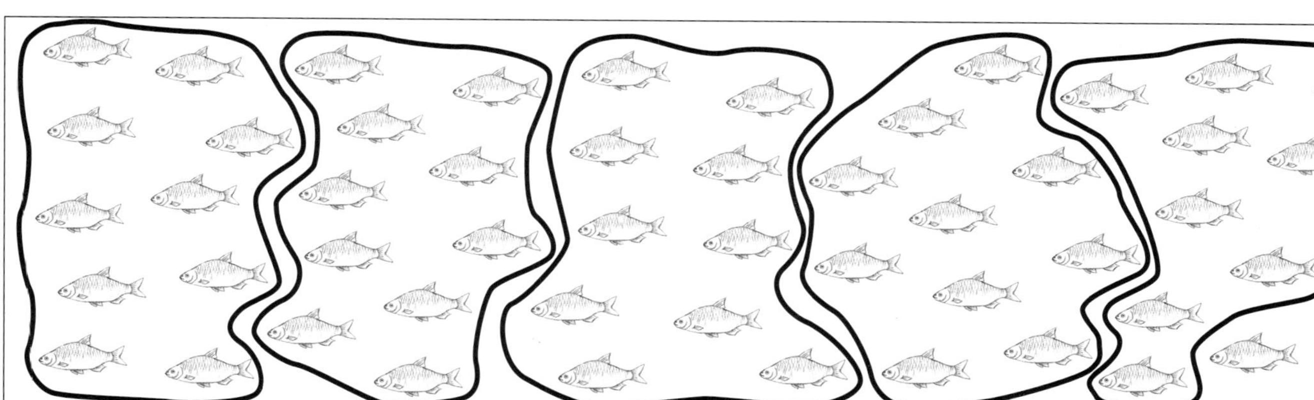

Z	E
5	1

Addiere!

5Z + 7E = 57
4Z + 4E = 44
8Z + 0E = 80
6Z + 9E = 69
8Z + 6E = 86

3Z + 2E = 32
4Z + 7E = 47
2Z + 9E = 29
6Z + 0E = 60
9Z + 8E = 98

4Z + 3E = 43
7Z + 6E = 76
3Z + 7E = 37
5Z + 6E = 56
6Z + 1E = 61

20 + 1 = 21
20 + 2 = 22
20 + 3 = 23
20 + 4 = 24

40 + 2 = 42
40 + 4 = 44
40 + 6 = 46
40 + 8 = 48

60 + 1 = 61
60 + 3 = 63
60 + 5 = 65
60 + 7 = 67

80 + 8 = 88
80 + 6 = 86
80 + 4 = 84
80 + 2 = 82

Zerlege!

Z	E
2	6

2Z + 6E = 26

Z = Zehner
E = Einer

26 = 20 + 6
18 = 10 + 8
31 = 30 + 1
47 = 40 + 7

74 = 70 + 4
66 = 60 + 6
62 = 60 + 2
92 = 90 + 2

		Z	E
37 = 30 + 7	→	3	7
64 = 60 + 4	→	6	4
53 = 50 + 3	→	5	3
44 = 40 + 4	→	4	4
93 = 90 + 3	→	9	3
75 = 70 + 5	→	7	5
30 = 30 + 0	→	3	0

Streichele nun deinen Bauch! ☐

Wie viele Eier sind es?

Trage ein!

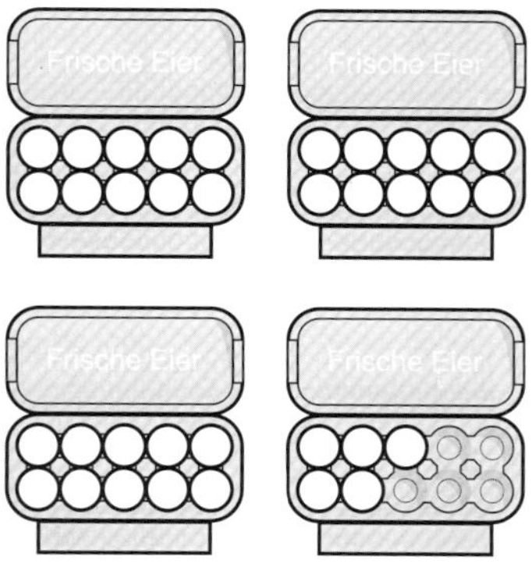

Z	E
3	5

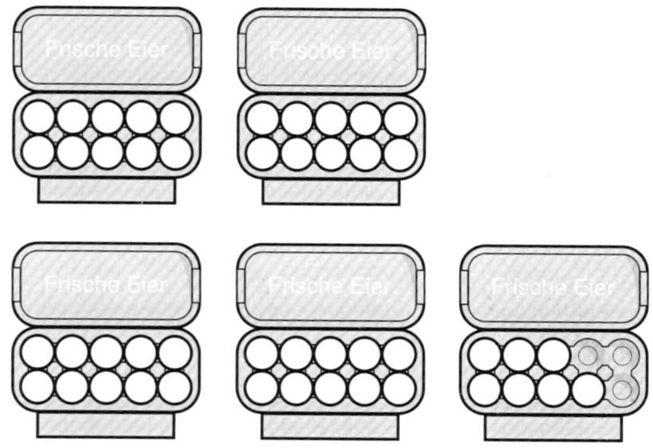

Z	E
4	7

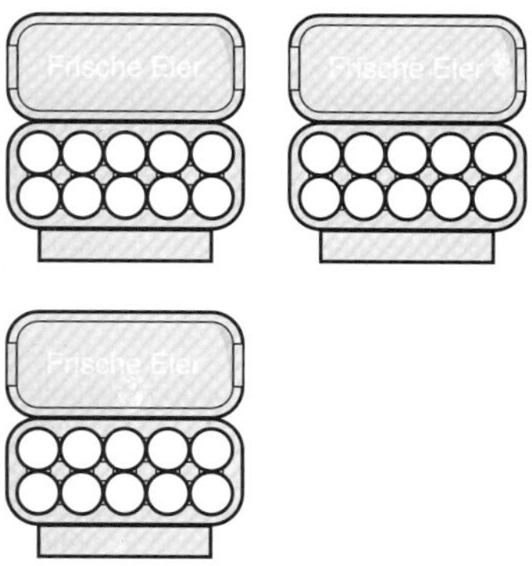

Z	E
3	0

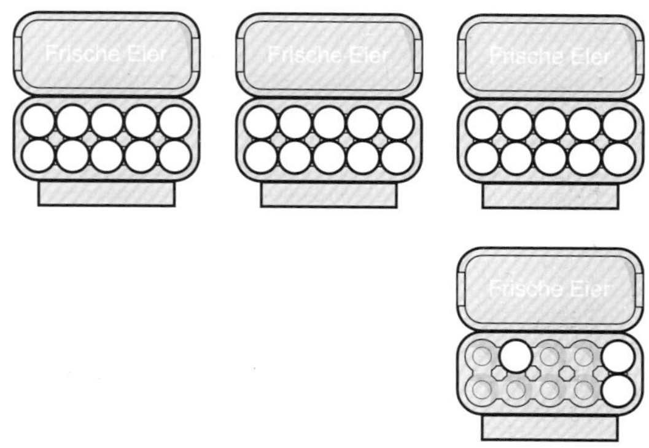

Z	E
3	3

Wie viele Perlen sind es? Trage sie ein!

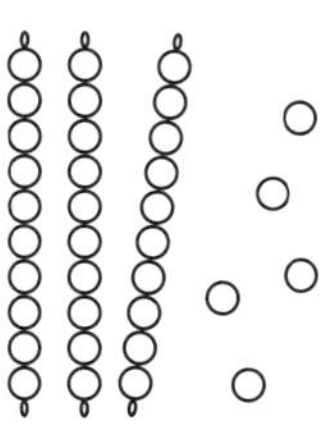

Z	E
3	5

→ 35

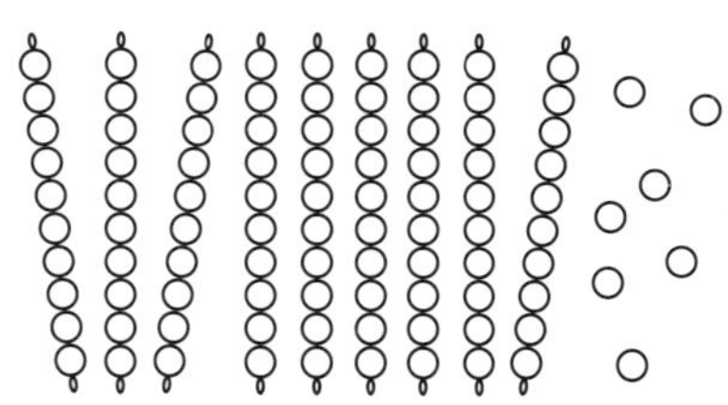

Z	E
9	7

→ 97

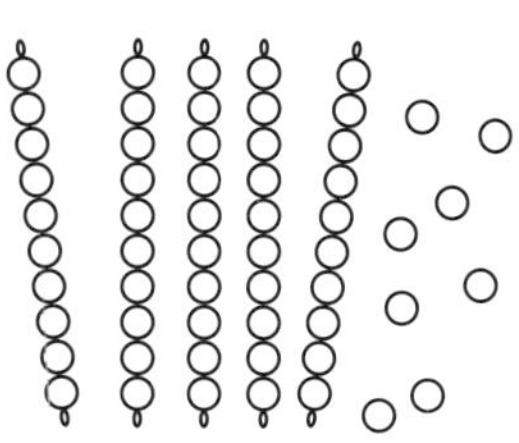

Z	E
5	8

→ 58

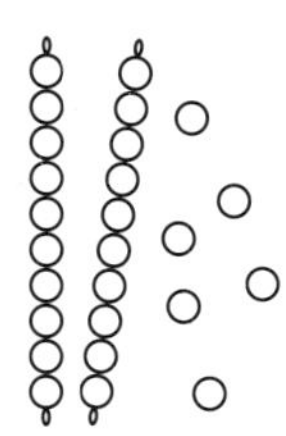

Z	E
2	6

→ 26

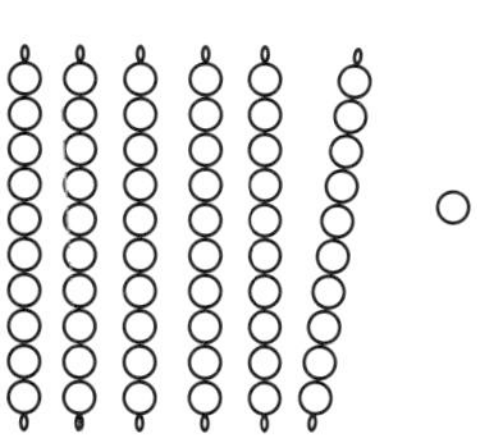

Z	E
6	1

→ 61

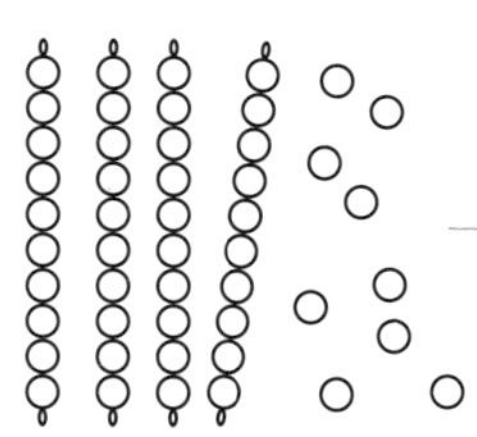

Z	E
4	9

→ 49

Wie heißen die Nachbarzahlen?

Trage sie ein!

76	77	78	34	35	36	48	49	50	17	18	19
64	65	66	53	54	55	87	88	89	22	23	24
58	59	60	26	27	28	20	21	22	63	64	65
21	22	23	32	33	34	66	67	68	93	94	95
98	99	100	43	44	45	28	29	30	11	12	13
16	17	18	71	72	73	31	32	33	75	76	77

Wie heißen die Vorgänger und Nachfolger?

Trage sie ein!

V	Zahl	N
16	17	18
53	54	55
59	60	61

V	Zahl	N
77	78	79
45	46	47
50	51	52

V	Zahl	N
39	40	41
22	23	24
39	40	41

V	Zahl	N
85	86	87
31	32	33
52	53	54

V	Zahl	N
50	51	52
54	55	56
29	30	31

V	Zahl	N
98	99	100
45	46	47
35	36	37

V	Zahl	N
70	71	72
36	37	38
18	19	20

V	Zahl	N
86	87	88
54	55	56
58	59	60

V	Zahl	N
18	19	20
98	99	100
65	66	67

V	Zahl	N
65	66	67
40	41	42
53	54	55

V	Zahl	N
58	59	60
46	47	48
26	27	28

V	Zahl	N
88	89	90
20	21	22
17	18	19

Welche Zahlen fehlen hier?

Denke an das Hunderterfeld und trage sie ein!

1	2	3
11		
21	22	23

25	26	27
35		37
45		47

36	37	38
		48
56	57	58

56		58
66		68
76	77	78

54	55	56
	65	
74	75	76

14		16
24	25	26
34		36

78	79	80
88		90
98	99	100

	35	
44	45	46
	55	

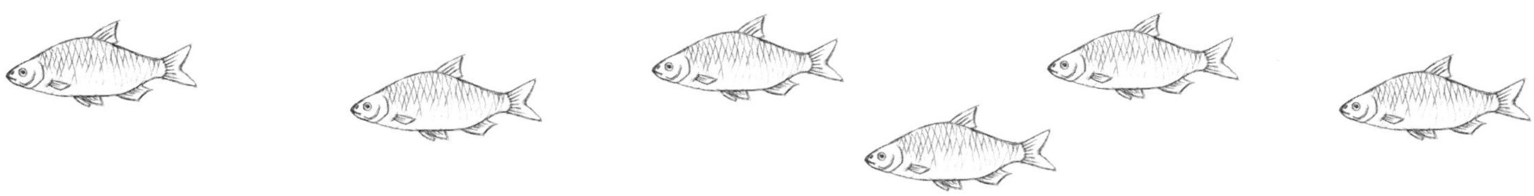

	33	
	43	
52	53	54

		47
55	56	57
		67

38	39	40
	49	
	59	

58		
68	69	70
78		

		73
		83
91	92	93

64	65	66
		76
		86

5	6	7
15		
25		

33		
43		
53	54	55

Zähle leise bis 101! ☐

Ordne die Zahlen der Größe nach!

Trage sie ein!

34, 31, 63, 81, 13, 3	3	13	31	34	63	81
14, 44, 74, 40, 46, 24	14	24	40	44	46	74
15, 50, 51, 71, 95, 5	5	15	50	51	71	95
81, 18, 89, 28, 88, 78	18	28	78	81	88	89
77, 67, 17, 7, 47, 97	7	17	47	67	77	97
20, 2, 12, 42, 82, 62	2	12	20	42	62	82

Schreibe die Zehnernachbarn auf!

20	30	40	0	10	20	20	25	30	90	95	100
60	70	80	40	50	60	80	82	90	40	41	50
30	40	50	50	60	70	10	18	20	60	70	80
70	80	90	80	90	100	50	56	60	10	12	20
10	20	30	20	30	40	30	37	40	60	65	70

In welchem Monat hast du Geburtstag? ____________________

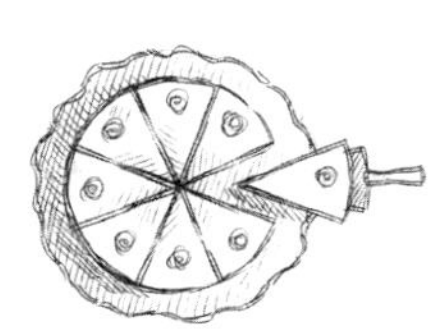

Das ist der ☐. Monat im Jahr.

Freust du dich schon auf deinen Geburtstag? ja ☐ nein ☐

Zeichne das Muster weiter!

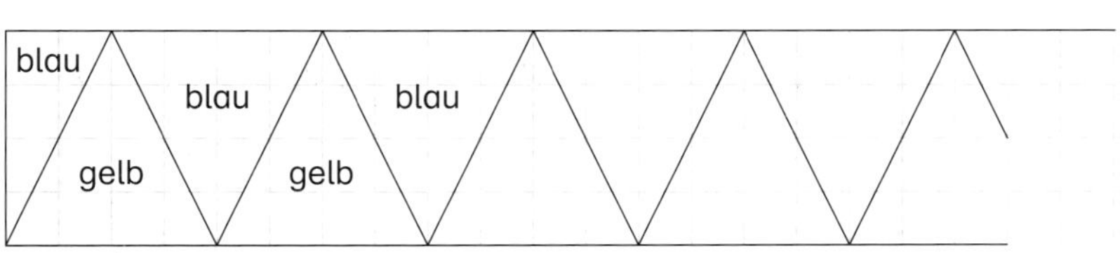

Trage die Zehnerzahlen ein!

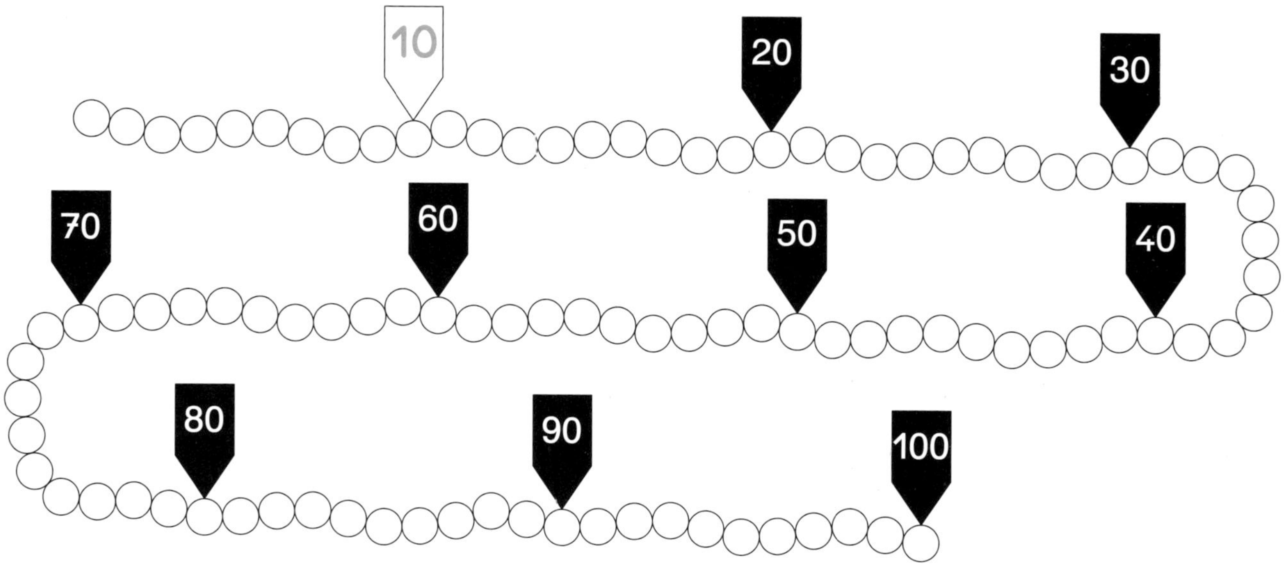

Trage die fehlenden Zahlen ein!

33 34 35 36 37 38 39

64 65 66 67 68 69 70

40 41 42 43

94 95 96 97 98 99 100

Trage die folgenden Zahlen richtig ein!

11 54 32 2 47 87 99 17 7 25 67 39 93 61 80 75

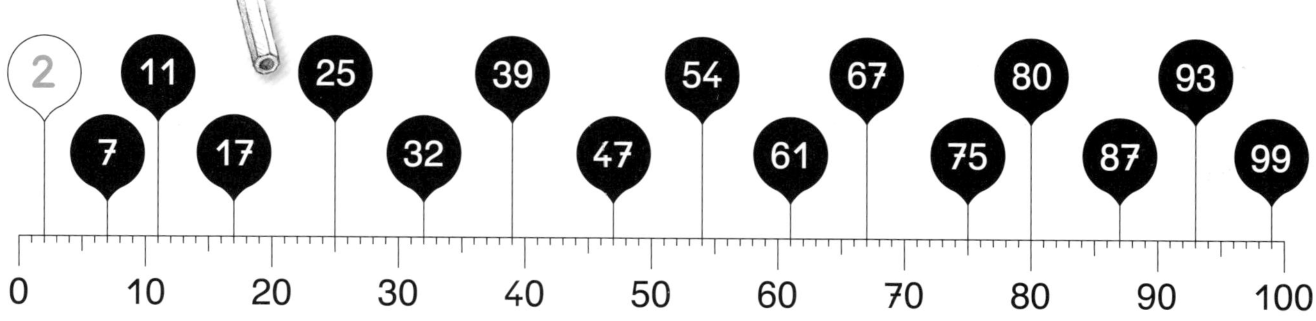

Verbinde! Hänge die Zahlenkarten an die richtige Stelle!

Trage die Zehnerzahlen ein!

Trage diese Zahlen ein! 55 35 5 45 15 25

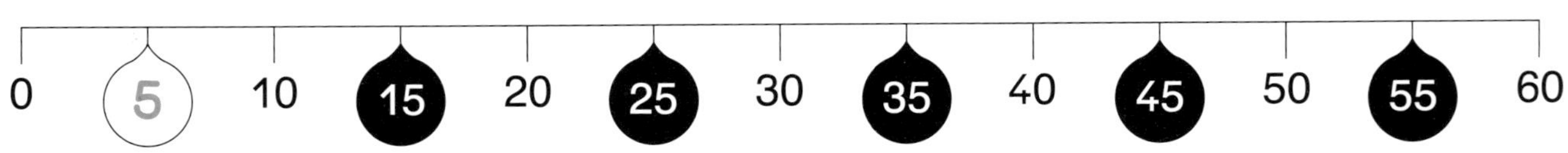

Trage diese Zahlen ein! 26 17 75 41 4 62 33 96 56 89

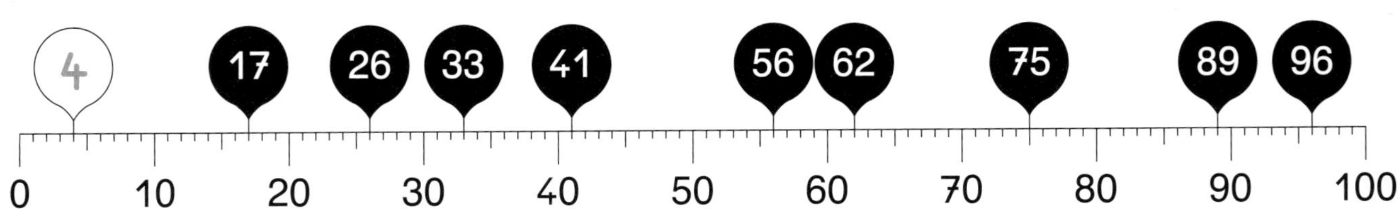

Trage die Zahlen ein!

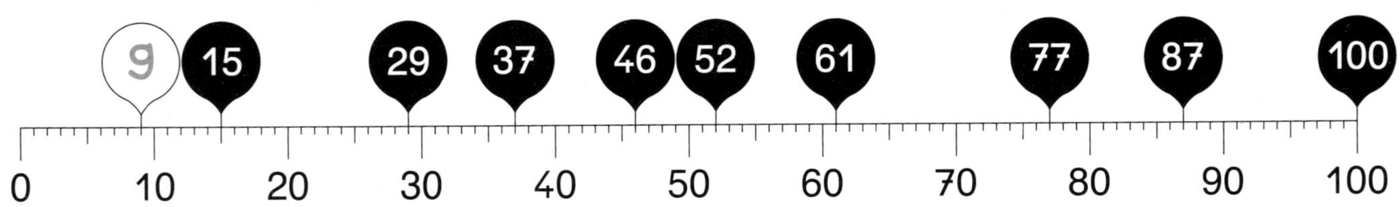

Trage die fehlenden Zahlen ein!

1	2	3	4	5	6	7	8	9	10
11	12	13	14	15	16	17	18	19	20
21	22	23	24	25	26	27	28	29	30
31	32	33	34	35	36	37	38	39	40
41	42	43	44	45	46	47	48	49	50
51	52	53	54	55	56	57	58	59	60
61	62	63	64	65	66	67	68	69	70
71	72	73	74	75	76	77	78	79	80
81	82	83	84	85	86	87	88	89	90
91	92	93	94	95	96	97	98	99	100

	26	
35	36	37
	46	

32	33
42	
52	53

54	
64	65
74	75
84	

69	
79	
89	
99	100

Verbinde!

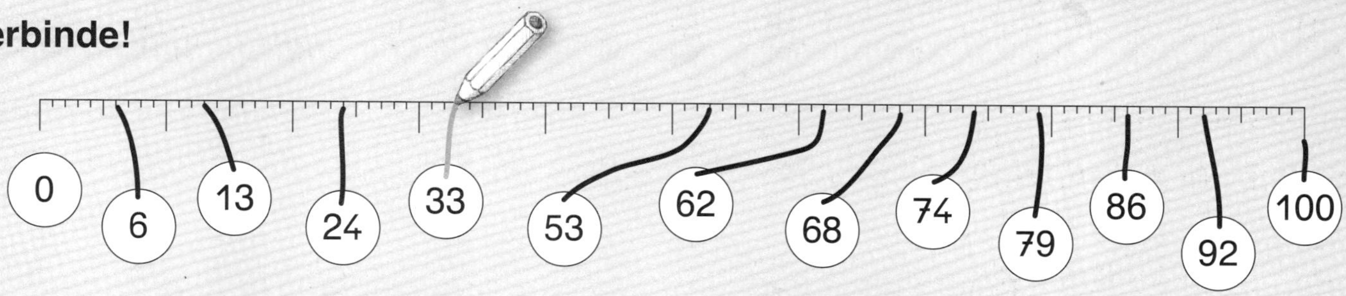

Vorgänger und Nachfolger

47	48	49
50	51	52
29	30	31
27	28	29

68	69	70
19	20	21
57	58	59
8	9	10

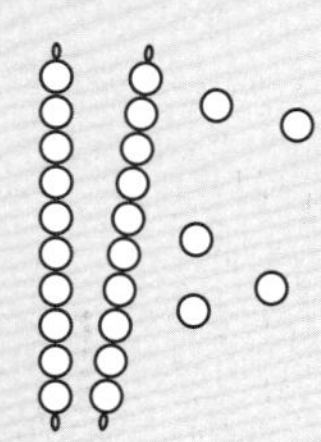

Z	E
2	5

→ 25

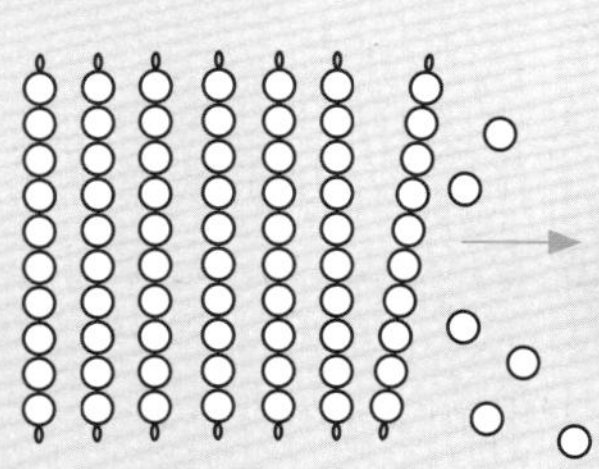

Z	E
7	6

→ 76

20 + 7 = 27

60 + 3 = 63

5Z + 7E = 57

6Z + 0E = 60

34 = 30 + 4

92 = 90 + 2

Rechne mit Zehnern!

50 + 30 = 80
20 + 60 = 80
30 + 30 = 60

30 + 50 = 80
10 + 70 = 80
20 + 80 = 100

90 − 30 = 60
60 − 20 = 40
40 − 30 = 10

70 − 10 = 60
80 − 40 = 40
20 − 10 = 10

90 − 40 = 50
60 − 20 = 40
80 − 50 = 30

50 − 10 = 40
70 − 50 = 20
90 − 20 = 70

80 + 10 = 90
50 + 40 = 90
10 + 20 = 30

20 + 50 = 70
10 + 50 = 60
40 + 60 = 100

70 + 20 = 90
30 + 40 = 70
60 − 30 = 30

90 − 80 = 10
20 + 20 = 40
80 − 60 = 20

90 − 40 = 50
60 + 40 = 100
40 + 10 = 50

60 + 10 = 70
80 − 70 = 10
30 − 10 = 20

Rechne mit Zehnern!

	100	
50	50	
20	30	20

	80	
30	50	
10	20	30

Waren diese Aufgaben

schwer ☐ oder leicht ☐ ?

Rechne mit Zehnern!

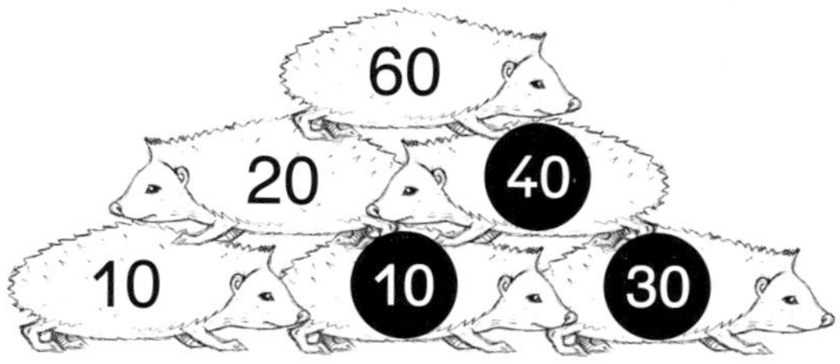

Rechne mit Zehnern!

80 + 10 = 90
40 + 30 = 70
30 + 30 = 60

20 + 60 = 80
10 + 80 = 90
50 + 20 = 70

90 − 60 = 30
50 − 10 = 40
60 − 40 = 20

80 − 30 = 50
70 − 50 = 20
40 − 30 = 10

Jetzt wird plus gerechnet!

40 + 5 = 45
20 + 9 = 29
40 + 3 = 43
50 + 7 = 57
90 + 4 = 94
60 + 2 = 62
10 + 8 = 18
30 + 6 = 36

90 + 9 = 99
70 + 7 = 77
80 + 1 = 81
30 + 8 = 38
10 + 4 = 14
50 + 5 = 55
80 + 3 = 83
40 + 2 = 42

Recke und strecke dich! Aber leise! ☐

Rechne minus!

70 − 3 = 67
20 − 4 = 16
40 − 6 = 34
80 − 1 = 79
10 − 8 = 2
30 − 4 = 26
50 − 6 = 44

70 − 4 = 66
90 − 6 = 84
20 − 3 = 17
40 − 7 = 33
80 − 5 = 75
50 − 2 = 48
60 − 0 = 60

Rechne plus!

25 + 3 = 28
36 + 3 = 39
79 + 1 = 80
12 + 3 = 15
54 + 4 = 58
72 + 6 = 78
41 + 5 = 46

59 + 0 = 59
17 + 3 = 20
72 + 2 = 74
91 + 7 = 98
28 + 2 = 30
43 + 4 = 47
53 + 6 = 59

4 + 2 = 6
40 + 20 = 60

3 + 5 = 8
30 + 50 = 80

5 + 4 = 9
50 + 40 = 90

3 + 3 = 6
30 + 30 = 60

2 + 5 = 7
20 + 50 = 70

7 + 2 = 9
70 + 20 = 90

2 + 6 = 8
20 + 60 = 80

6 + 3 = 9
60 + 30 = 90

4 + 4 = 8
40 + 40 = 80

Lege den Kopf auf den Tisch, schließe die Augen und ruhe dich kurz aus! ☐

Rechne minus!

4 − 3 = 1
40 − 30 = 10

9 − 2 = 7
90 − 20 = 70

5 − 3 = 2
50 − 30 = 20

8 − 2 = 6
80 − 20 = 60

6 − 1 = 5
60 − 10 = 50

7 − 6 = 1
70 − 60 = 10

9 − 8 = 1
90 − 80 = 10

7 − 5 = 2
70 − 50 = 20

8 − 3 = 5
80 − 30 = 50

Rechne plus!

42 + 30 = 72
79 + 10 = 89
53 + 20 = 73
24 + 70 = 94
39 + 40 = 79
62 + 20 = 82
17 + 80 = 97

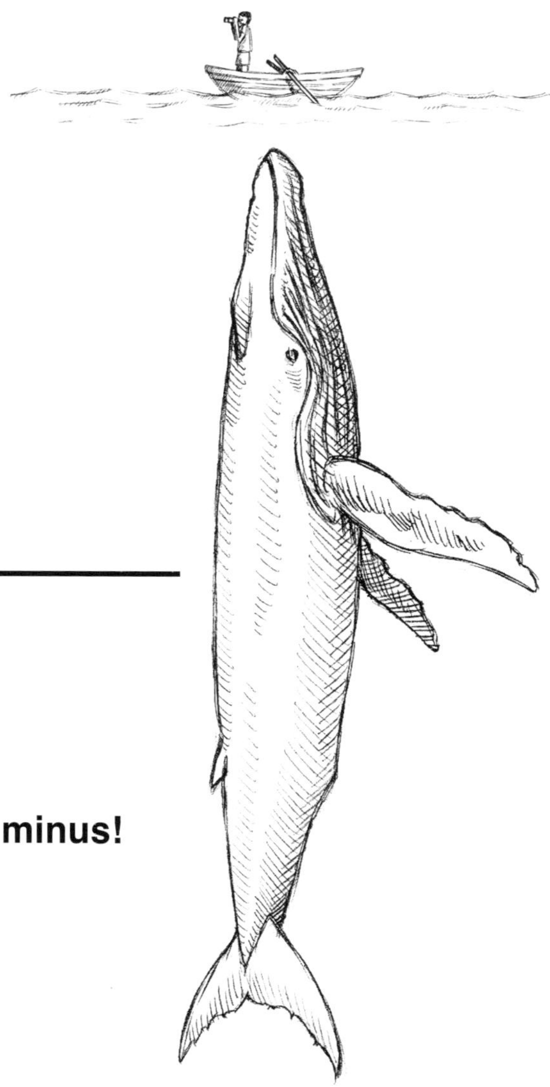

+	20	30	40
23	43	53	63
33	53	63	73
43	63	73	83

Rechne minus!

62 − 50 = 12
89 − 70 = 19
51 − 40 = 11
92 − 80 = 12
76 − 30 = 46
44 − 20 = 24
64 − 60 = 4

−	20	30	40
70	50	40	30
74	54	44	34
78	58	48	38

Stelle dich auf die Zehenspitzen! ☐

Gehe bei plus nach rechts! Zeichne die Pfeile ein!

5 + 3 = 8
15 + 3 = 18
25 + 3 = 28
35 + 3 = 38
45 + 3 = 48
55 + 3 = 58

61 + 4 = 65
71 + 4 = 75
81 + 4 = 85
91 + 4 = 95

1	2	3	4	5	6	7	8	9	10
11	12	13	14	15	16	17	18	19	20
21	22	23	24	25	26	27	28	29	30
31	32	33	34	35	36	37	38	39	40
41	42	43	44	45	46	47	48	49	50
51	52	53	54	55	56	57	58	59	60
61	62	63	64	65	66	67	68	69	70
71	72	73	74	75	76	77	78	79	80
81	82	83	84	85	86	87	88	89	90
91	92	93	94	95	96	97	98	99	100

2 + 2 = 4
12 + 2 = 14
22 + 2 = 24
32 + 2 = 34
42 + 2 = 44
52 + 2 = 54

66 + 0 = 66
76 + 0 = 76
86 + 0 = 86
96 + 0 = 96

Rechne plus!

+	2	4	6
62	64	66	68
43	45	47	49
21	23	25	27

+	1	3	5
11	12	14	16
34	35	37	39
55	56	58	60

Zeichne das Muster weiter!

blau	rot	blau	rot	
rot	blau	rot	blau	

Finde 16 verschiedene Aufgaben und löse sie!

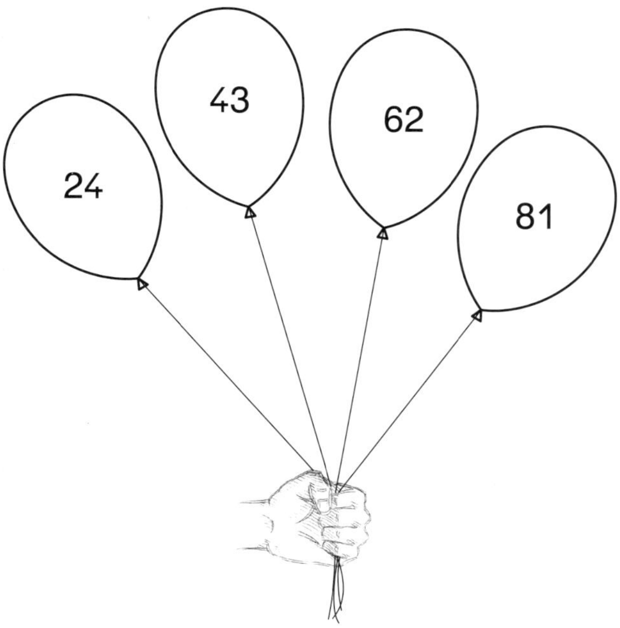

+

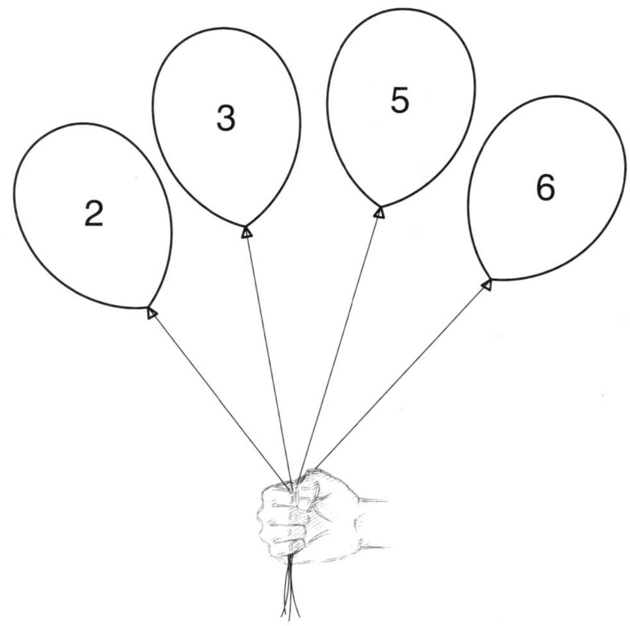

24 + 2 = 26	43 + 2 = 45	62 + 2 = 64	81 + 2 = 83
24 + 3 = 27	43 + 3 = 46	62 + 3 = 65	81 + 3 = 84
24 + 5 = 29	43 + 5 = 48	62 + 5 = 67	81 + 5 = 86
24 + 6 = 30	43 + 6 = 49	62 + 6 = 68	81 + 6 = 87

Gehe bei minus nach links! Zeichne die Pfeile ein!

5 − 3 = 2

15 − 3 = 12
25 − 3 = 22
35 − 3 = 32
45 − 3 = 42
55 − 3 = 52
65 − 3 = 62
75 − 3 = 72
85 − 3 = 82
95 − 3 = 92

1	2	3	4	5	6	7	8	9	10
11	12	13	14	15	16	17	18	19	20
21	22	23	24	25	26	27	28	29	30
31	32	33	34	35	36	37	38	39	40
41	42	43	44	45	46	47	48	49	50
51	52	53	54	55	56	57	58	59	60
61	62	63	64	65	66	67	68	69	70
71	72	73	74	75	76	77	78	79	80
81	82	83	84	85	86	87	88	89	90
91	92	93	94	95	96	97	98	99	100

9 − 3 = 6

19 − 3 = 16
29 − 3 = 26
39 − 3 = 36
49 − 3 = 46
59 − 3 = 56
69 − 3 = 66
79 − 3 = 76
89 − 3 = 86
99 − 3 = 96

Zum nächsten Zehner hin! Addiere bis zum nächsten vollen Zehner!

45 + 5 = 50 | 22 + 8 = 30 | 49 + 1 = 50 | 9 + 1 = 10
72 + 8 = 80 | 37 + 3 = 40 | 17 + 3 = 20 | 23 + 7 = 30
61 + 9 = 70 | 77 + 3 = 80 | 91 + 9 = 100 | 38 + 2 = 40

Zum letzten Zehner zurück! Subtrahiere zum letzten vollen Zehner!

54 – 4 = 50 | 21 – 1 = 20 | 83 – 3 = 80 | 46 – 6 = 40
36 – 6 = 30 | 89 – 9 = 80 | 97 – 7 = 90 | 55 – 5 = 50
48 – 8 = 40 | 77 – 7 = 70 | 28 – 8 = 20 | 19 – 9 = 10

Wie alt bist du? ☐ **In wie vielen Jahren bist du 10 Jahre alt?** ☐

Zum nächsten Zehner hin!
Vervollständige die Zahlenhäuser!

20	
12	8
15	5
18	2
11	9
20	0

30	
23	7
28	2
21	9
30	0
25	5

40	
39	1
33	7
36	4
31	9
37	3

50	
42	8
50	0
41	9
44	6
47	3

60	
56	4
52	8
55	5
59	1
54	6

70	
70	0
63	7
69	1
64	6
66	4

Wie alt bist du, wenn du doppelt so alt bist? **jetzt** ☐ **dann** ☐

Finde deinen Rechenweg!

8 → 5 | 3

8 → 5 | 3

45 + 8

45 + 5 = 50

50 + 3 = 53

45 + 8 = 53

---

7 → 4 | 3

7 → 4 | 3

26 + 7

26 + 4 = 30

30 + 3 = 33

26 + 7 = 33

---

6 → 2 | 4

6 → 2 | 4

38 + 6

38 + 2 = 40

40 + 4 = 44

38 + 6 = 44

---

5 → 3 | 2

5 → 3 | 2

87 + 5

87 + 3 = 90

90 + 2 = 92

87 + 5 = 92

In wie vielen Jahren bist du 20 Jahre alt? **In ☐ Jahren bin ich 20 Jahre alt.**

Addiere!

5 + 8 = 13	6 + 7 = 13	7 + 5 = 12
15 + 8 = 23	16 + 7 = 23	17 + 5 = 22
25 + 8 = 33	26 + 7 = 33	27 + 5 = 32
35 + 8 = 43	36 + 7 = 43	37 + 5 = 42
45 + 8 = 53	46 + 7 = 53	47 + 5 = 52
55 + 8 = 63	56 + 7 = 63	57 + 5 = 62
65 + 8 = 73	66 + 7 = 73	67 + 5 = 72
75 + 8 = 83	76 + 7 = 83	77 + 5 = 82
85 + 8 = 93	86 + 7 = 93	87 + 5 = 92

Zeichne das Muster weiter!

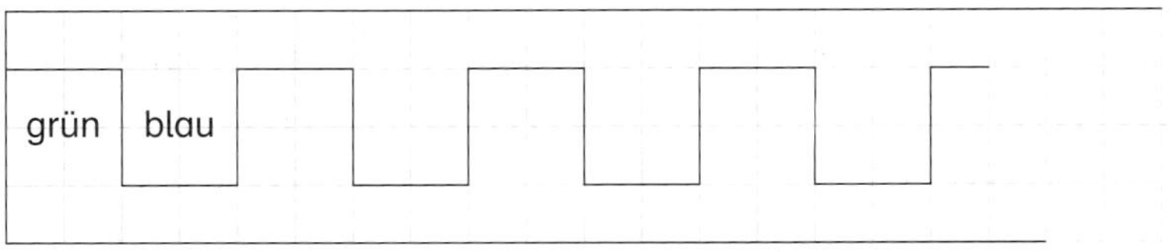

Rechne mal mit diesem Trick!

46 + 9

46 + 10 = 56
56 − 1 = 55

46 + 9 = 55

27 + 9

27 + 10 = 37
37 − 1 = 36

27 + 9 = 36

78 + 9

78 + 10 = 88
88 − 1 = 87

78 + 9 = 87

54 + 9

54 + 10 = 64
64 − 1 = 63

54 + 9 = 63

16 + 9

16 + 10 = 26
26 − 1 = 25

16 + 9 = 25

82 + 9

82 + 10 = 92
92 − 1 = 91

82 + 9 = 91

Wie rechnest du nun diese Aufgaben? Notiere deinen Rechenweg!

35 + 7	44 + 9	66 + 8	83 + 8
= 42	= 53	= 74	= 91

Zeichne das Muster weiter!

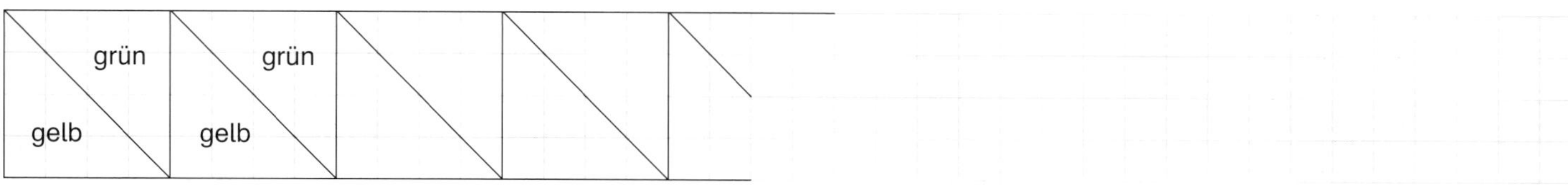

Rechne geschickt! Kreise jeweils die Zahl ein, die du zuerst addierst!

27 + (3) + 2 = 32	28 + 8 + (2) = 38
46 + 8 + (4) = 58	55 + (5) + 3 = 63
53 + (7) + 6 = 66	88 + 9 + (2) = 99
78 + 5 + (2) = 85	42 + 5 + (8) = 55
89 + (1) + 5 = 95	23 + (7) + 2 = 32
22 + 3 + (8) = 33	64 + 4 + (6) = 74
33 + (7) + 2 = 42	34 + (6) + 8 = 48
54 + 3 + (6) = 63	75 + (5) + 6 = 86
82 + 1 + (8) = 91	16 + 5 + (4) = 25
77 + 5 + (3) = 85	47 + (3) + 8 = 58

Mache die Augen zu und zähle bis zehn! ☐ 1 2 3 4 5 6 7 8 9

Setze diese Zahlen richtig in die Zahlenmauern ein!

32 24 8 ~~17~~ ~~7~~ 1

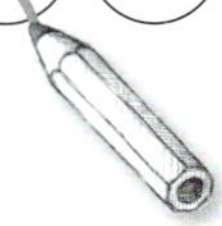

	32	
24		8
17	7	1

35 25 10 16 ~~9~~ 1

	35	
25		10
16	9	1

17 9 8 6 ~~3~~ 5

	17	
9		8
6	3	5

43 23 20 12 ~~11~~ 9

	43	
23		20
12	11	9

9 + 2 = 11
19 + 2 = 21
29 + 2 = 31
39 + 2 = 41
49 + 2 = 51

29 + 2 = 31
39 + 2 = 41
49 + 2 = 51
59 + 2 = 61
69 + 2 = 71

Rechne minus!

11 − 2 = 9
21 − 2 = 19
31 − 2 = 29
41 − 2 = 39

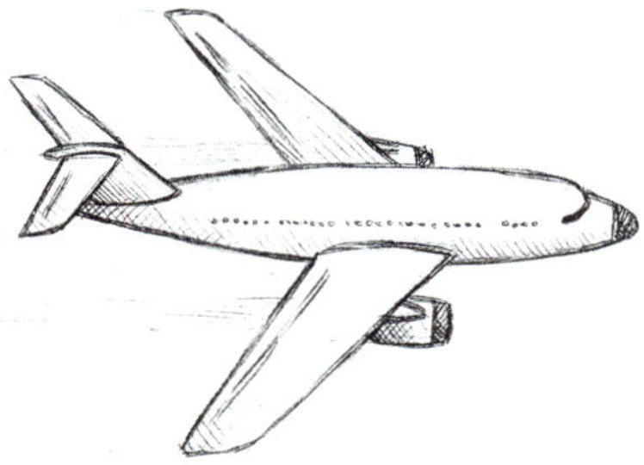

51 − 2 = 49
61 − 2 = 59
71 − 2 = 69
81 − 2 = 79
91 − 2 = 89

Finde deinen Rechenweg!

8: 5 | 3 — 8: 5 | 3

45 − 8		
45 − 5	=	40
40 − 3	=	37
45 − 8	=	37

7: 6 | 1 — 7: 6 | 1

26 − 7		
26 − 6	=	20
20 − 1	=	19
26 − 7	=	19

9: 7 | 2 — 9: 7 | 2

87 − 9		
87 − 7	=	80
80 − 2	=	78
87 − 9	=	78

6: 3 | 3 — 6: 3 | 3

53 − 6		
53 − 3	=	50
50 − 3	=	47
53 − 6	=	47

Zähle die Mädchen in deiner Klasse! Es sind ☐ Mädchen.

Subtrahiere!

15 – 8 = 7	16 – 7 = 9	13 – 6 = 7
25 – 8 = 17	26 – 7 = 19	23 – 6 = 17
35 – 8 = 27	36 – 7 = 29	33 – 6 = 27
45 – 8 = 37	46 – 7 = 39	43 – 6 = 37
55 – 8 = 47	56 – 7 = 49	53 – 6 = 47
65 – 8 = 57	66 – 7 = 59	63 – 6 = 57
75 – 8 = 67	76 – 7 = 69	73 – 6 = 67
85 – 8 = 77	86 – 7 = 79	83 – 6 = 77
95 – 8 = 87	96 – 7 = 89	93 – 6 = 87

Frage zu Hause!

Wie alt ist dein Opa?

Wie viele Jahre ist er älter als du?

Mein Opa ist ☐ Jahre alt.

Mein Opa ist ☐ Jahre älter als ich.

Rechne mal mit diesem Trick!

47 – 9

47 – 10 = 37
37 + 1 = 38
47 – 9 = 38

53 – 9

53 – 10 = 43
43 + 1 = 44
53 – 9 = 44

84 – 9

84 – 10 = 74
74 + 1 = 75
84 – 9 = 75

76 – 9

76 – 10 = 66
66 + 1 = 67
76 – 9 = 67

18 – 9

18 – 10 = 8
8 + 1 = 9
18 – 9 = 9

92 – 9

92 – 10 = 82
82 + 1 = 83
92 – 9 = 83

Wie rechnest du nun diese Aufgaben? Notiere deinen Rechenweg!

61 − 5 = 56   43 − 7 = 36   25 − 8 = 17   82 − 9 = 73

Frage zu Hause!

Wie alt ist deine Oma?

Wie viele Jahre ist sie älter als du?

Meine Oma ist ☐ Jahre alt.

Meine Oma ist ☐ Jahre älter als ich.

Rechne geschickt! Kreise jeweils die Zahl ein, die du zuerst subtrahierst (abziehst)!

43 − 2 − (3) = 38	37 − (7) − 3 = 27
57 − (7) − 2 = 48	54 − 2 − (4) = 48
36 − 3 − (6) = 27	23 − 2 − (3) = 18
82 − 0 − (2) = 80	48 − (8) − 3 = 37
28 − (8) − 2 = 18	64 − (4) − 3 = 57
77 − 1 − (7) = 69	71 − 2 − (1) = 68
62 − 7 − (2) = 53	99 − (9) − 3 = 87
35 − (5) − 8 = 22	34 − 5 − (4) = 25
44 − 9 − (4) = 31	25 − (5) − 3 = 17
93 − 7 − (3) = 83	86 − (6) − 6 = 74

Male das Chamäleon bunt an! ☐

38 + 2 + 6 = 46

38 + 8 = 46

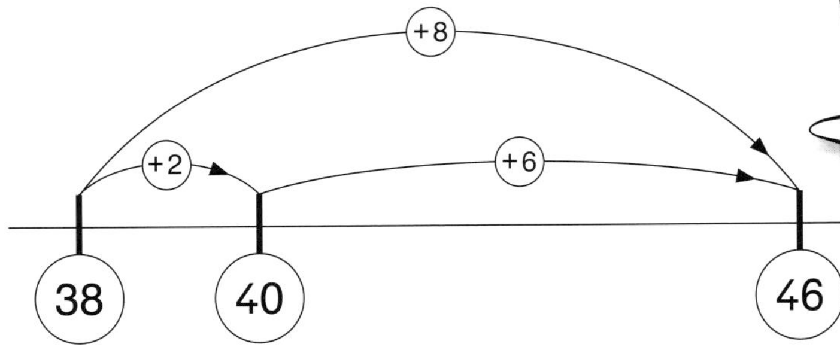

44 + 6 + 2 = 52

44 + 8 = 52

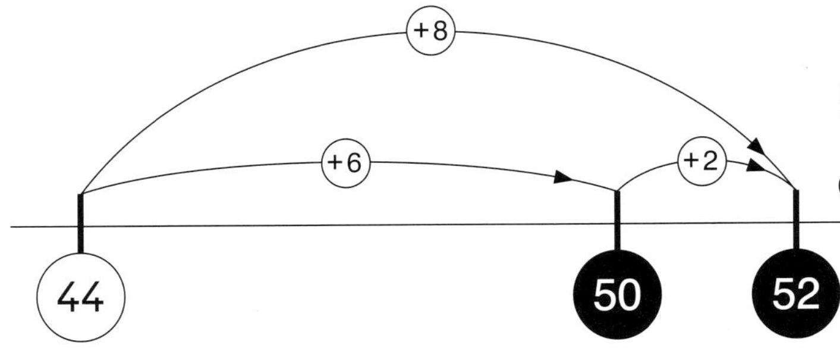

Erst plus 6,
dann plus 2!

86 + 4 + 1 = 91

86 + 5 = 91

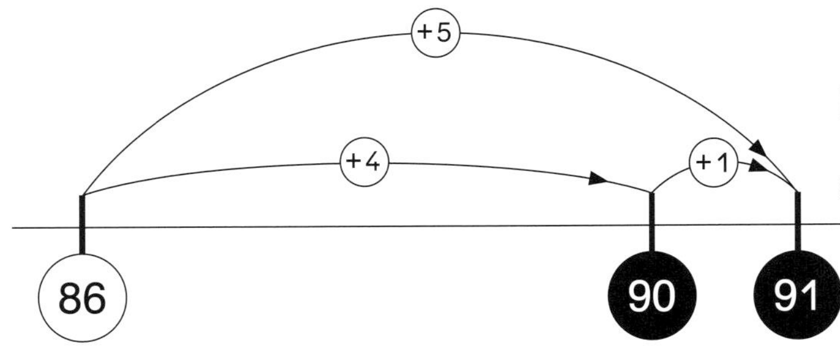

Erst plus 4,
dann plus 1!

27 + 3 + 2 = 32

27 + 5 = 32

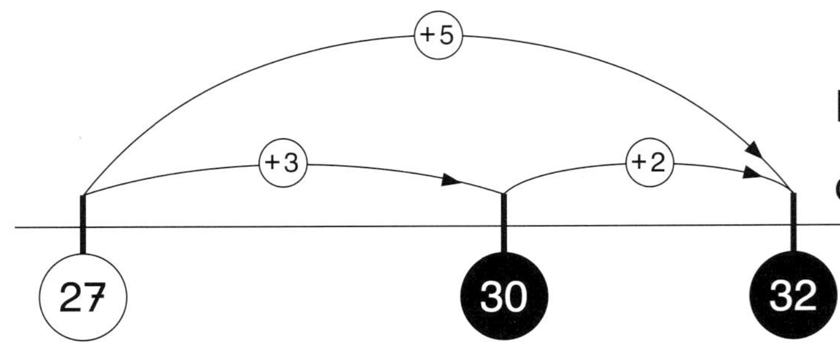

Erst plus 3,
dann plus 2!

Addiere!

22 + 9 = 31
26 + 7 = 33
58 + 6 = 64
25 + 7 = 32
74 + 8 = 82

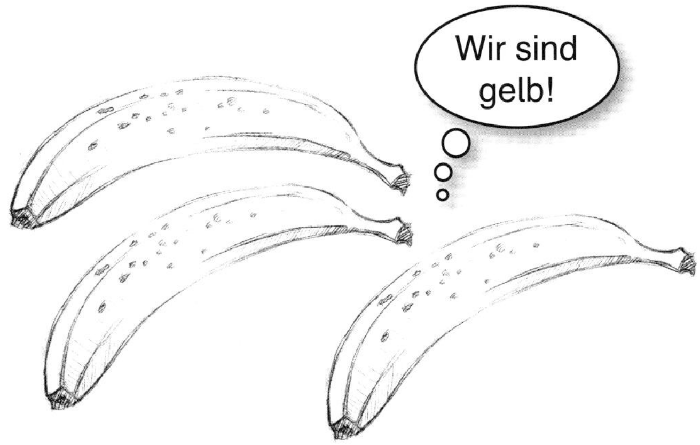

38 + 7 = 45
63 + 9 = 72
44 + 9 = 53
32 + 9 = 41
29 + 6 = 35

45 − 5 − 3 = 37

45 − 8 = 37

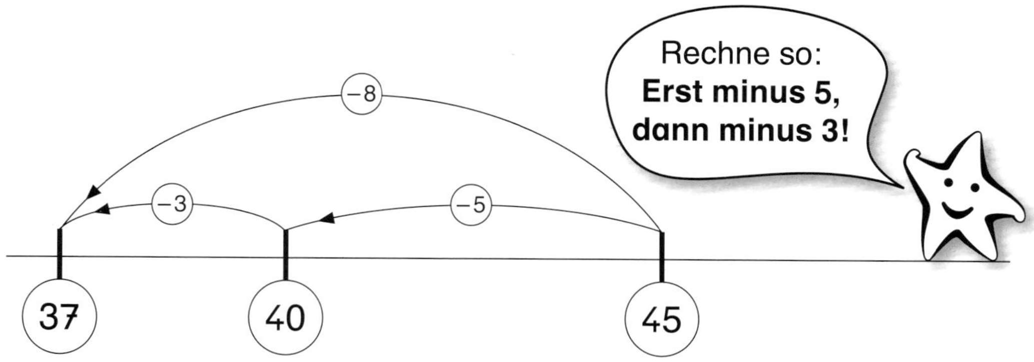

73 − 3 − 2 = 68

73 − 5 = 68

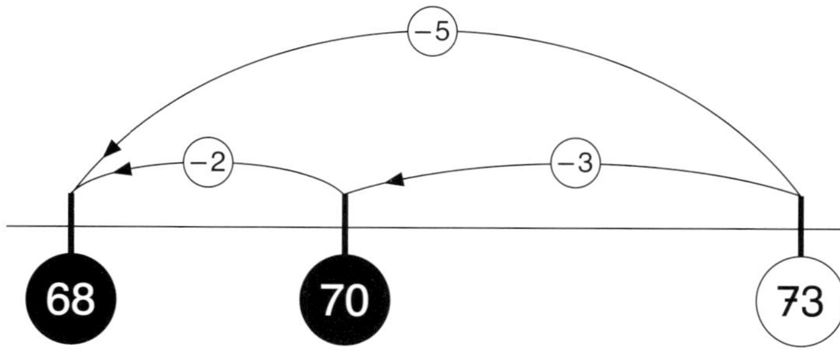

Erst minus 3, dann minus 2!

64 − 4 − 3 = 57

64 − 7 = 57

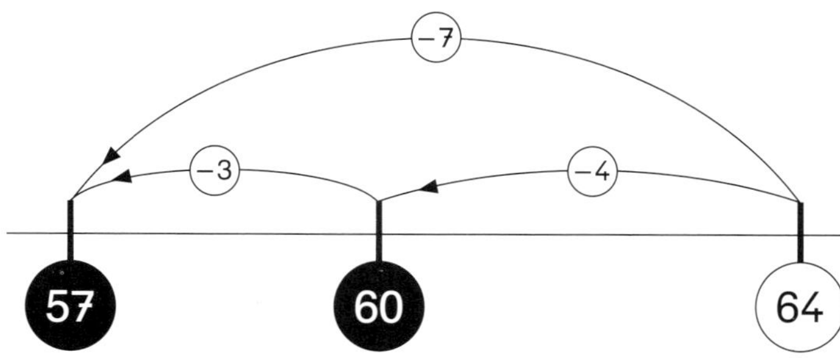

Erst minus 4, dann minus 3!

32 − 2 − 4 = 26

32 − 6 = 26

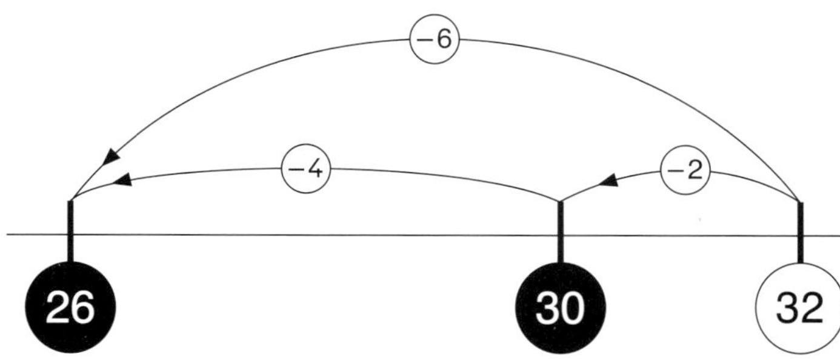

Erst minus 2, dann minus 4!

Subtrahiere!

52 − 4 = 48

63 − 5 = 58

27 − 8 = 19

64 − 5 = 59

97 − 8 = 89

14 − 6 = 8

74 − 8 = 66

42 − 5 = 37

83 − 8 = 75

38 − 9 = 29

Löse die Textaufgaben!

23 Jungen und 9 Mädchen
fahren mit dem Bus.

Frage: Wie viele Kinder fahren mit dem Bus ?

Rechnung:

2	3	+	9	=	3	2		

Antwort: 32 Kinder fahren mit dem Bus .

Auf einer Wiese stehen 23 Blumen.
Kati schneidet 5 Blumen ab.

Frage: Wie viele Blumen stehen noch auf der Wiese ?

Rechnung:

2	3	–	5	=	1	8		

Antwort: Es stehen noch 18 Blumen auf der Wiese .

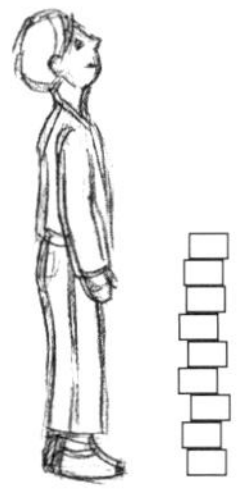

Leander will einen Turm aus 43
Bausteinen bauen.
9 stehen schon übereinander.

Frage: Wie viele Bausteine muss Leander noch übereinander stapeln ?

Rechnung:

4	3	–	9	=	3	4		

Antwort: Leander muss noch 34 Bausteine übereinander stapeln .

Löse die Textaufgaben!

Leonore will 100 Perlen auffädeln.
77 Perlen hat sie schon aufgefädelt.

Frage: Wie viele Perlen muss Leonore noch auffädeln?

Rechnung:

1	0	0	–	7	7	=	2	3

Antwort: Leonore muss noch 23 Perlen auffädeln.

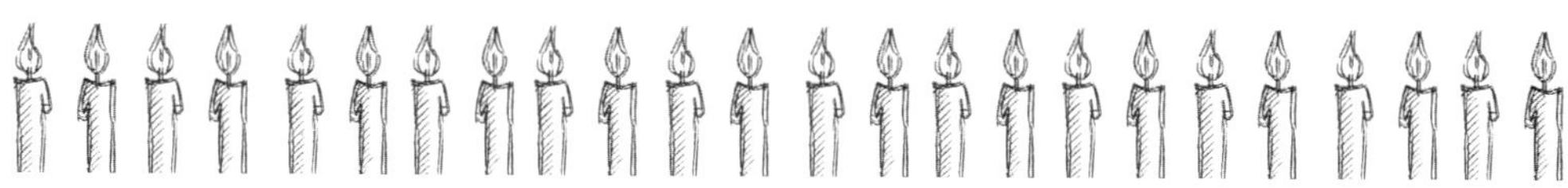

Es brennen 24 Kerzen.
Der Wind bläst 8 aus.

Frage: Wie viele Kerzen brennen noch?

Rechnung:

2	4	–	8	=	1	6		

Antwort: Es brennen noch 16 Kerzen.

Denke dir selbst eine Aufgabe aus und löse sie!

____

____

____

Frage: ____________________________________?

Rechnung:

Antwort: ____________________________________.

Rechne so!

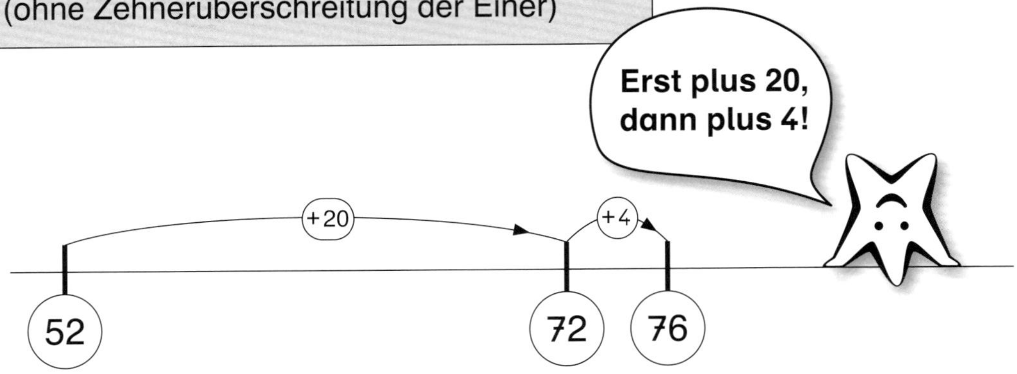

52 + 24

52 + 20 = 72

72 + 4 = 76

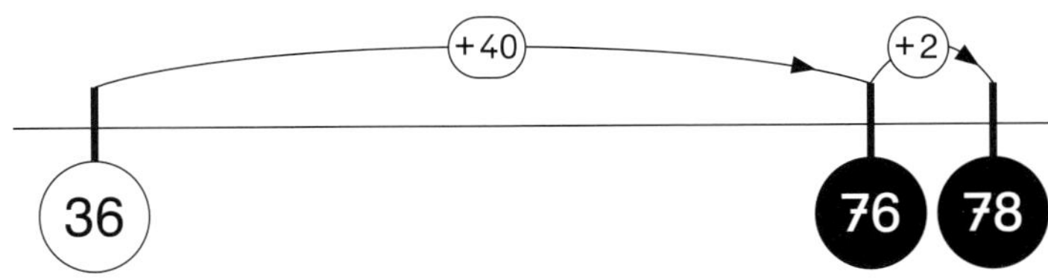

Erst plus 40,
dann plus 2!

36 + 42

36 + 40 = 76

76 + 2 = 78

Oder so!

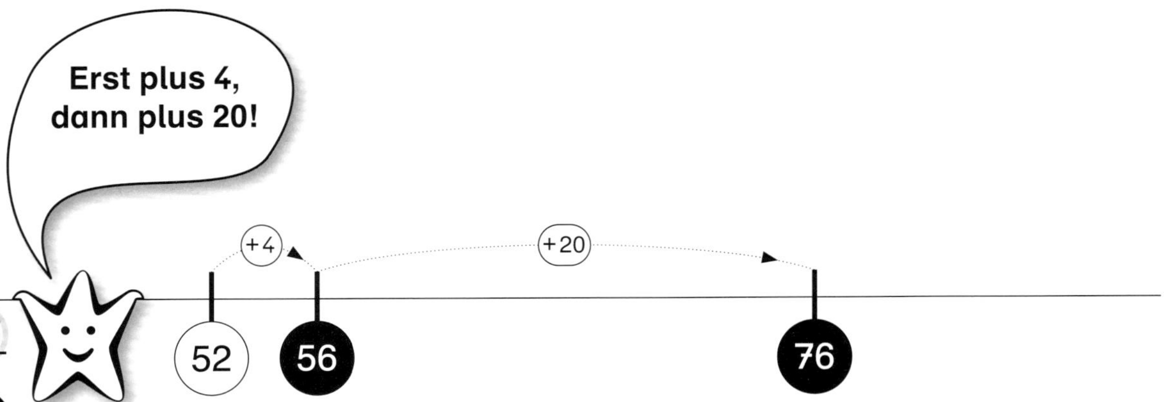

52 + 24

52 + 4 = 56

56 + 20 = 76

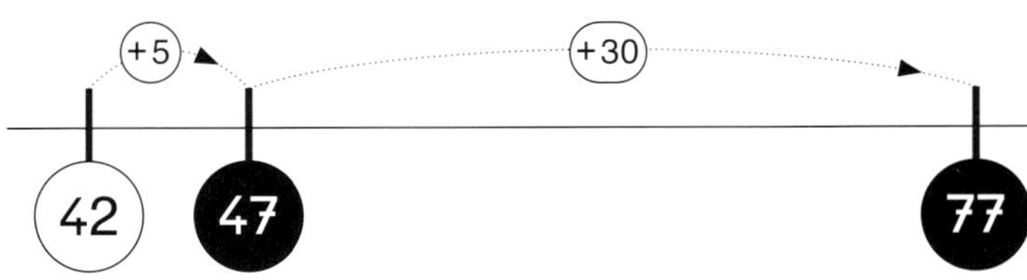

Erst plus 5,
dann plus 30!

42 + 35

42 + 5 = 47

47 + 30 = 77

Rechne nun auf deinem Weg!

24 + 62	35 + 32	46 + 23	42 + 36
= 86	= 67	= 69	= 78

Rechne auf deinem Weg!

33 + 33 = 66	33 + 56 = 89	54 + 32 = 86
76 + 12 = 88	51 + 46 = 97	75 + 21 = 96
54 + 24 = 78	61 + 23 = 84	43 + 36 = 79
75 + 6 = 81	25 + 74 = 99	18 + 61 = 79
43 + 34 = 77	23 + 43 = 66	26 + 33 = 59

Zahlenmauer 1:

28

13 | 15

6 | 7 | 8

Zahlenmauer 2:

46

23 | 23

12 | 11 | 12

Zahlenmauer 3:

80

45 | 35

32 | 13 | 22

Bei Plusaufgaben kann man tauschen!

23 + 41 = 64
41 + 23 = 64

51 + 36 = 87
36 + 51 = 87

32 + 66 = 98
66 + 32 = 98

15 + 43 = 58
43 + 15 = 58

81 + 16 = 97
16 + 81 = 97

52 + 38 = 90
38 + 52 = 90

+	64	52	25
23	87	75	48
34	98	86	59

+	33	24	13
26	59	50	39
41	74	65	54

+	32	42	51
35	67	77	86
27	59	69	78

Rechne so!

56 – 24

56 – 20 = 36

36 – 4 = 32

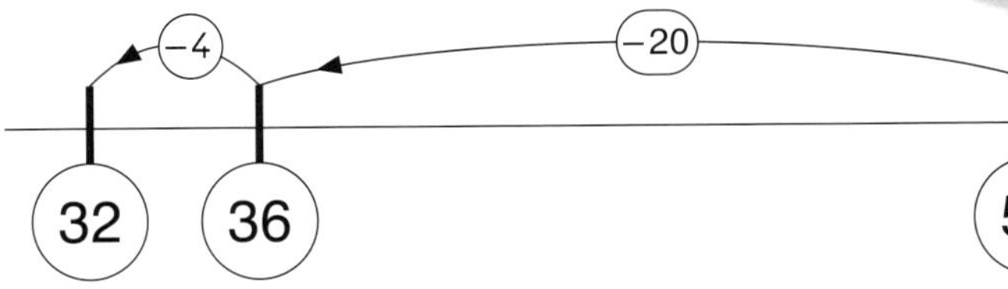

48 – 36

48 – 30 = 18

18 – 6 = 12

Erst minus 30,
dann minus 6!

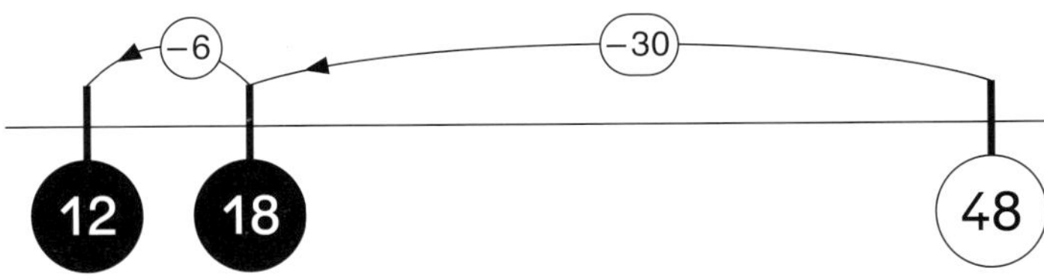

Oder so!

56 – 24

56 – 4 = 52

52 – 20 = 32

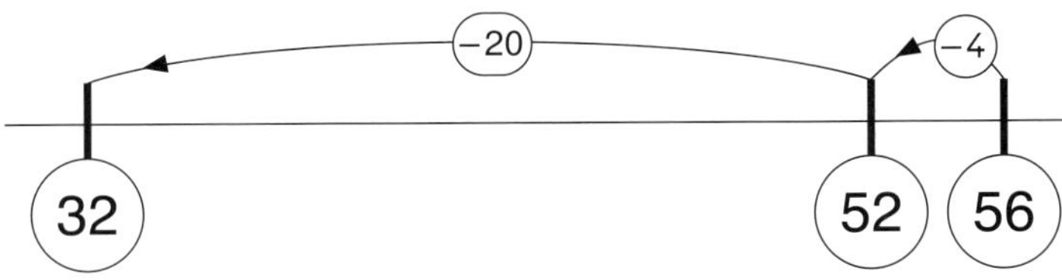

48 – 36

48 – 6 = 42

42 – 30 = 12

Erst minus 6,
dann minus 30!

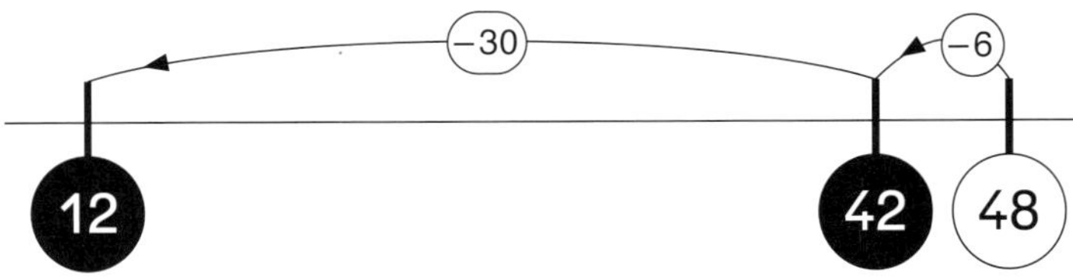

Rechne nun auf deinem Weg!

38 – 12	82 – 51	77 – 33	46 – 35
= 26	= 31	= 44	= 11

Rechne auf deinem Weg!

97 − 55 = 42	78 − 60 = 18	56 − 34 = 22	61 − 11 = 50
86 − 25 = 61	79 − 64 = 15	99 − 46 = 53	75 − 4 = 71
65 − 13 = 52	38 − 26 = 12	28 − 16 = 12	49 − 37 = 12
41 − 40 = 1	47 − 21 = 26	74 − 34 = 40	27 − 19 = 8

−	26	34	52
97	71	63	45
68	42	34	16

−	16	35	24
89	73	54	65
46	30	11	22

−	24	12	16
66	42	54	50
29	5	17	13

Kennst du diese Ringe? Male die Ringe in der passenden Farbe aus!

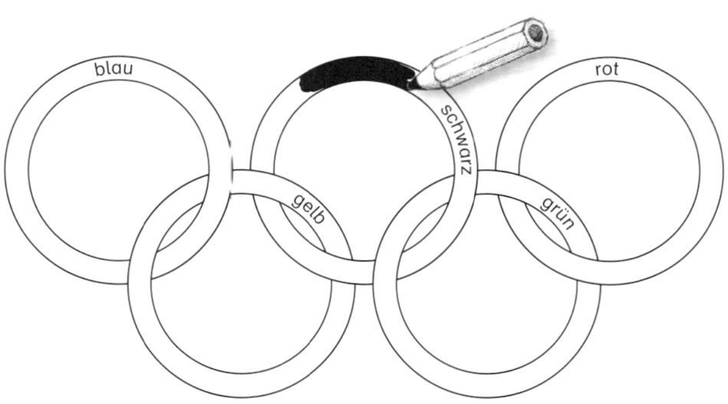

Das sind die Olympischen Ringe. Zeiche die Ringe nach!

Weißt du, was diese Ringe bedeuten? ja ☐ nein ☐

Die Ringe stehen für die fünf Kontinente unserer Erde. Blau steht für Europa, gelb für Asien, schwarz für Afrika, grün für Australien und rot für Amerika.

Male schöne Muster mit Buntstiften!

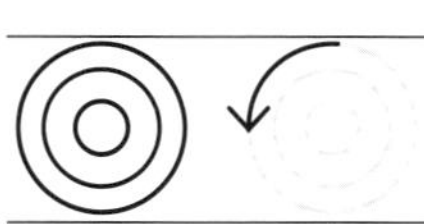

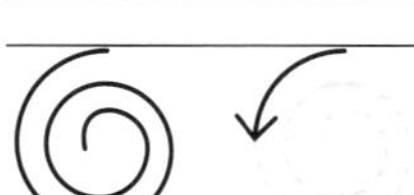

Rechne so!

38 + 24

38 + 20 = 58

58 + 4 = 62

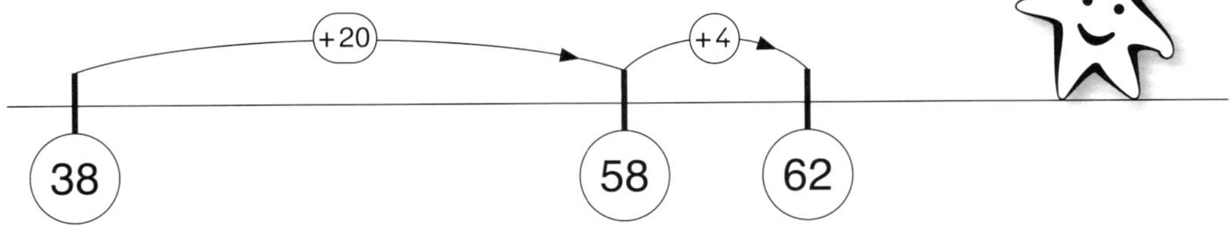

28 + 36

28 + 30 = 58

58 + 6 = 64

Erst plus 30,
dann plus 6!

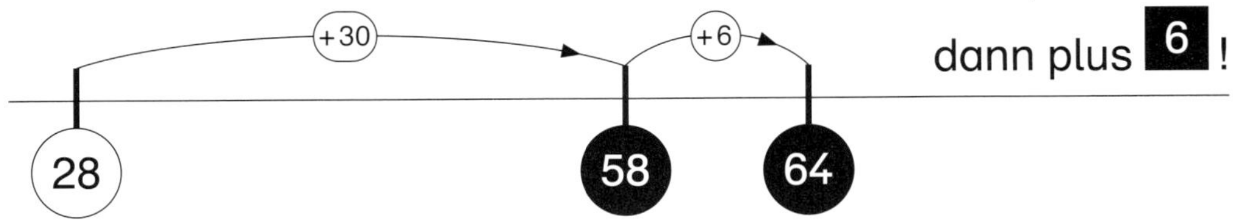

78 + 19

78 + 10 = 88

88 + 9 = 97

Erst plus 10,
dann plus 9!

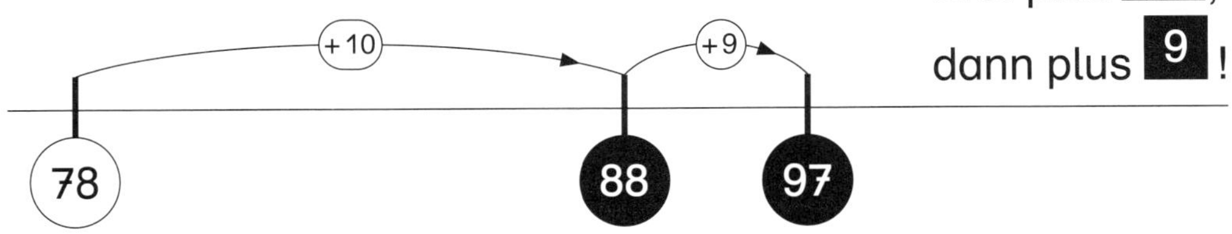

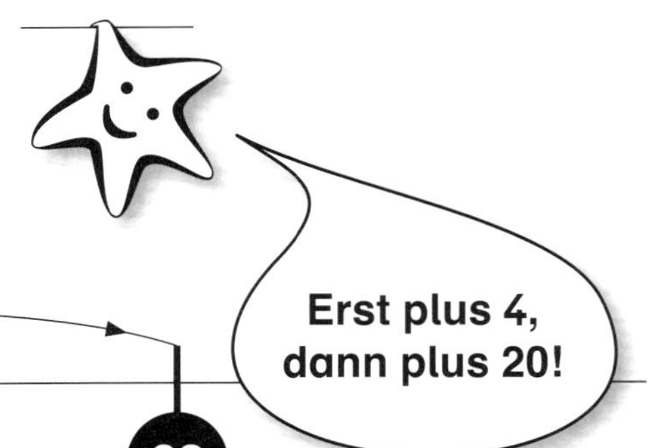

Oder so!

38 + 24

38 + 4 = 42

42 + 20 = 62

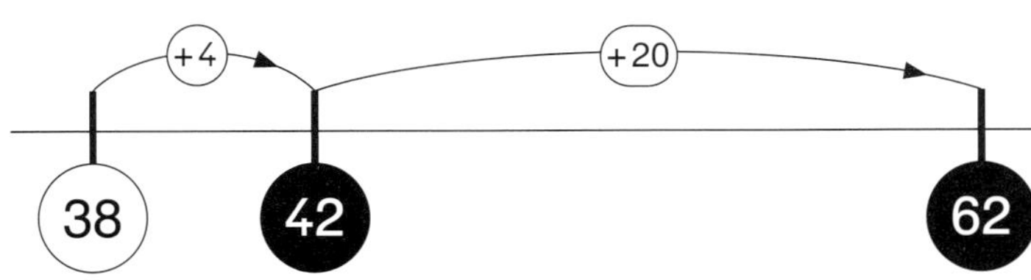

28 + 36

28 + 6 = 34

34 + 30 = 64

Erst plus 6,
dann plus 30!

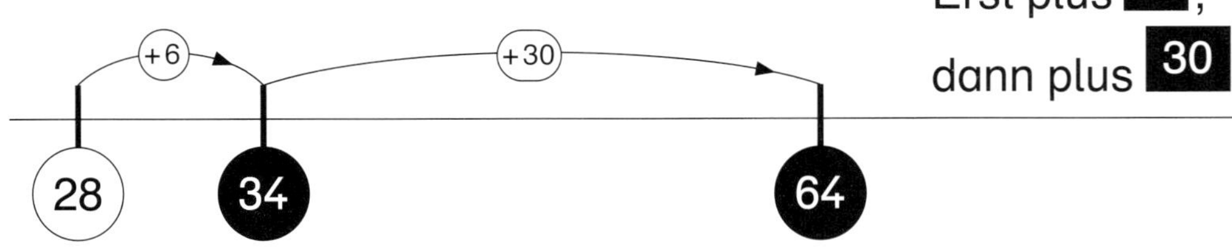

78 + 19

78 + 9 = 87

87 + 10 = 97

Erst plus 9,
dann plus 10!

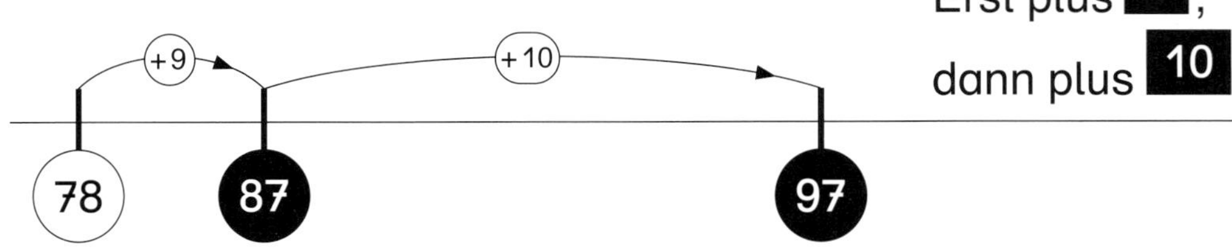

Rechne auf deinem Weg!

67 + 25 = 92
56 + 27 = 83
16 + 48 = 64
39 + 46 = 85

79 + 21 = 100
27 + 64 = 91
38 + 43 = 81
66 + 29 = 95

19 + 37 = 56
77 + 13 = 90
17 + 44 = 61
28 + 36 = 64

47 + 34 = 81
19 + 73 = 92
38 + 49 = 87
45 + 23 = 68

Wie heißen diese Formen?

Kreis — Quadrat — Rechteck — Dreieck

Addiere!

36
18 18
9 9 9
3 6 3 6

48
24 24
12 12 12
5 7 5 7

63
31 32
16 15 17
9 7 8 9

26 + 17 = 43
26 + 19 = 45
26 + 21 = 47

34 + 17 = 51
34 + 19 = 53
34 + 21 = 55

43 + 17 = 60
43 + 19 = 62
43 + 21 = 64

Zeichne das Muster weiter!

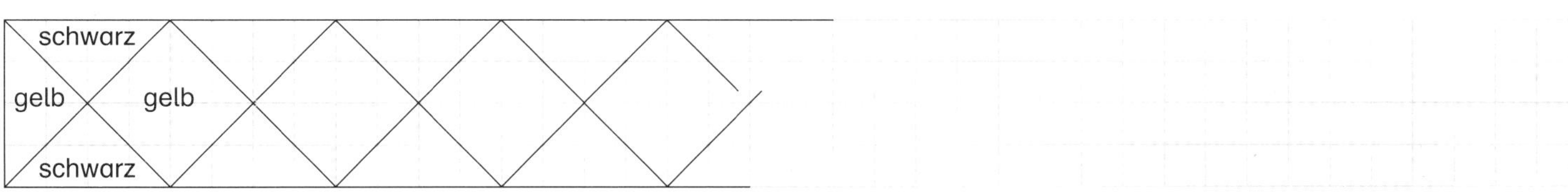

Rechne so!

34 – 27

34 – 20 = 14

14 – 7 = 7

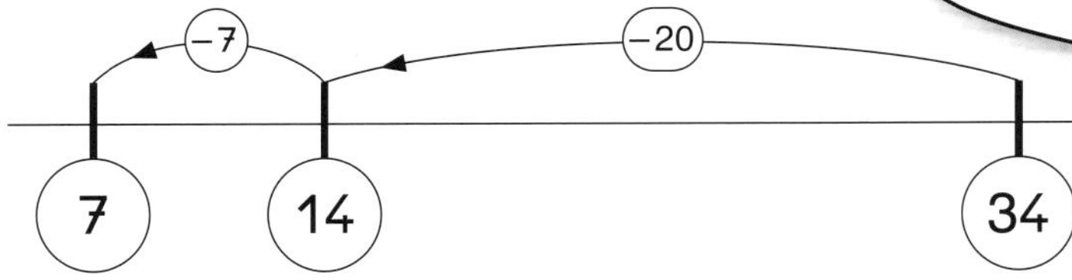

53 – 26

53 – 20 = 33

33 – 6 = 27

Erst minus 20, dann minus 6!

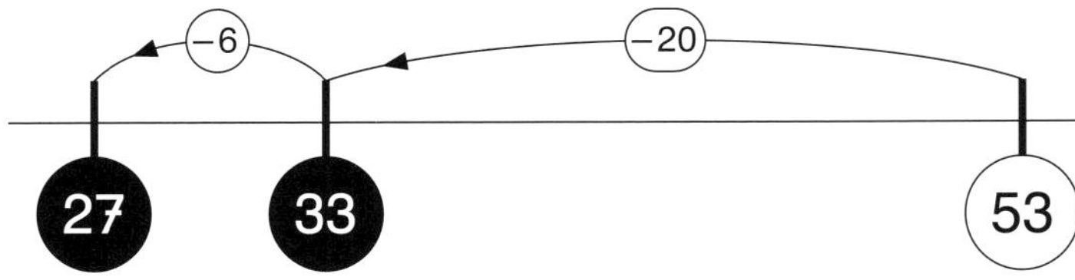

86 – 38

86 – 30 = 56

56 – 8 = 48

Erst minus 30, dann minus 8!

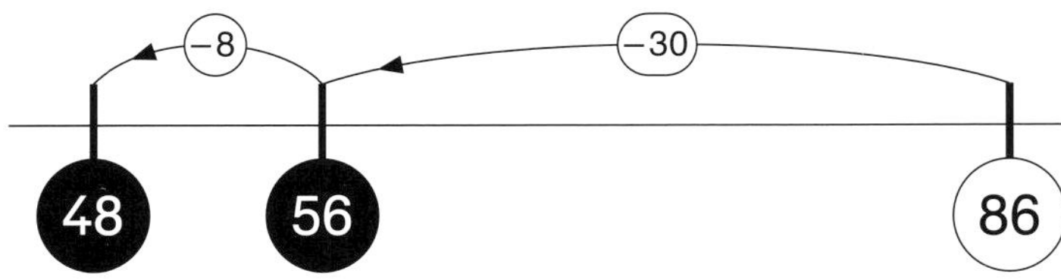

Oder so!

34 – 27

34 – 7 = 27

27 – 20 = 7

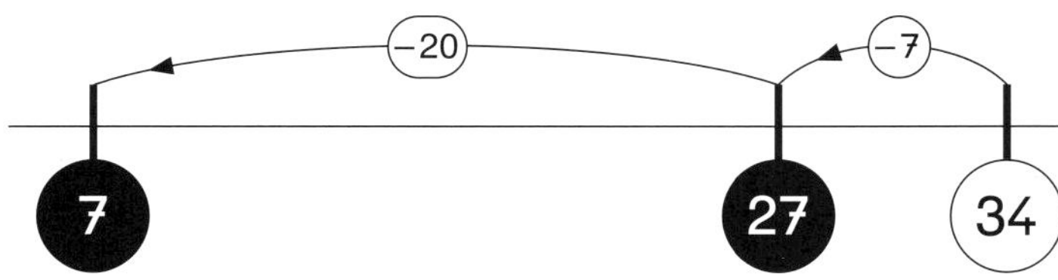

53 – 26

53 – 6 = 47

47 – 20 = 27

Erst minus 6, dann minus 20!

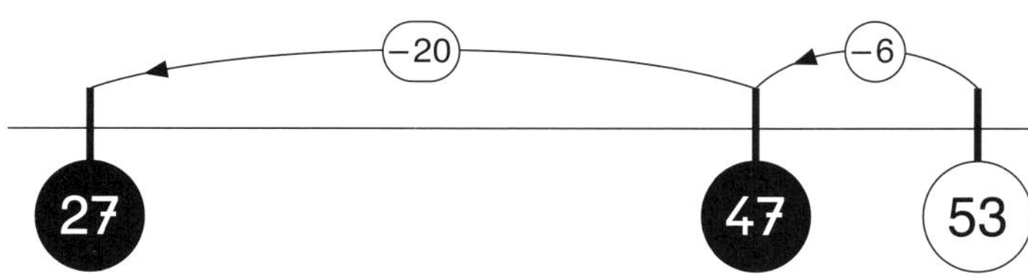

86 – 38

86 – 8 = 78

78 – 30 = 48

Erst minus 8, dann minus 30!

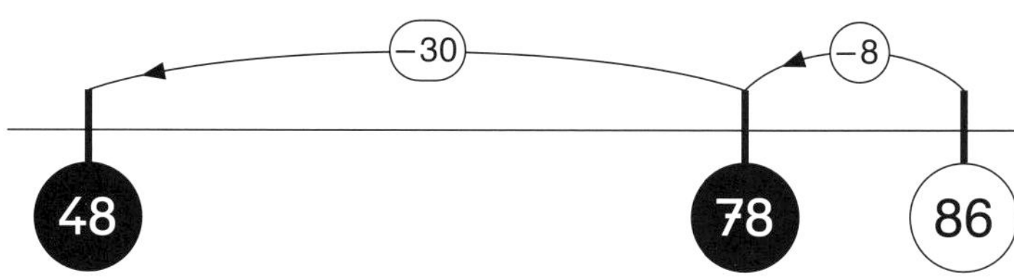

Rechne auf deinem Weg!

53 – 27 = 26
95 – 36 = 59
81 – 29 = 52
63 – 24 = 39
67 – 48 = 19

92 – 44 = 48
73 – 26 = 47
66 – 37 = 59
75 – 59 = 16
41 – 11 = 30

66 – 48 = 18
52 – 14 = 38
78 – 69 = 9
33 – 24 = 9
89 – 19 = 70

PAUSE

Ruhe dich aus! Lege den Kopf auf den Tisch und atme tief ein und aus!

Stimmt das?

3 Giraffen haben 12 Beine.	ja ☒	nein ☐
Vier Hunde haben 20 Augen.	ja ☐	nein ☒
3 Käfer haben 20 Beine.	ja ☐	nein ☒
7 Katzen haben 28 Beine.	ja ☒	nein ☐
Du bist fast fertig mit diesem Heft.	ja ☐	nein ☐
Magst du diese Aufgaben?	ja ☐	nein ☐

Zeichne das Muster weiter!

rot	grün	rot	grün						
grün	rot	grün	rot						

Addiere und subtrahiere!

50 + 30 = 80	20 + 40 = 60	80 + 6 = 86	82 + 3 = 85
70 − 40 = 30	70 + 20 = 90	50 + 7 = 57	43 + 4 = 47
90 − 70 = 20	80 − 30 = 50	70 − 3 = 67	65 − 3 = 62
40 + 60 = 100	40 − 30 = 10	60 − 6 = 54	78 − 4 = 74

74 + 20 = 94	87 + 5 = 92	43 + 32 = 75	53 + 28 = 81
36 + 40 = 76	46 + 6 = 52	61 + 25 = 86	45 + 37 = 82
35 − 20 = 15	32 − 6 = 26	87 − 43 = 44	82 − 29 = 53
78 − 40 = 38	53 − 5 = 48	48 − 25 = 23	62 − 24 = 38

Löse die Textaufgabe!

76 Kinder sind im Schwimmbad.
38 Kinder können schon schwimmen.

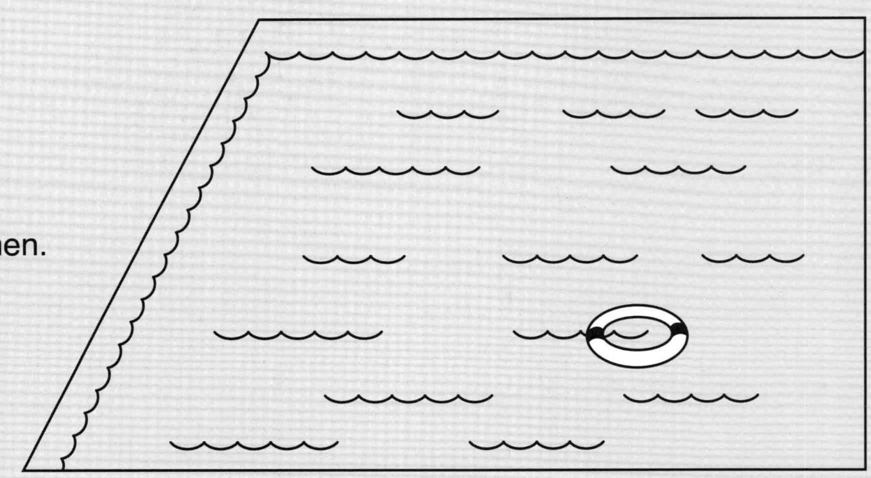

Frage: Wie viele Kinder können noch nicht schwimmen?

Rechnung: 76 − 38 = 38

Antwort: 38 Kinder können noch nicht schwimmen.